书院文化丛书 · 丛书主编 邓洪波

端溪 书院史话

卢和歆 杨 华 主编

湖南大学出版社·长沙

内 容 简 介

　　本书详细概述了两广端溪书院的历史发展脉络、管理制度、教育特点等；并对端溪书院的创始人李材和书院后来的著名山长全祖望、冯敏昌、林召棠、梁鼎芬等人的生平及其在端溪书院的活动和教育思想进行了梳理和提炼。其中，本书对端溪书院存在了几百年的优秀传统办学思想进行了重点阐述，有利于新时期的学校教育在继承中有所创新、发展。

图书在版编目（CIP）数据

　　端溪书院史话/卢和歆，杨华主编. —长沙：湖南大学出版社，2021. 4
　　ISBN 978-7-5667-2052-8

　　Ⅰ.①端… Ⅱ.①卢… ②杨… Ⅲ.①书院—教育史—肇庆 Ⅳ.①G649.299.653

　　中国版本图书馆 CIP 数据核字（2020）第 215603 号

端溪书院史话
DUANXI SHUYUAN SHIHUA

主　　编：卢和歆　杨　华
责任编辑：饶红霞
印　　装：长沙超峰印刷有限公司
开　　本：880 mm×1230 mm　1/32　印张：6.625　字数：161 千
版　　次：2021 年 4 月第 1 版　印次：2021 年 4 月第 1 次印刷
书　　号：ISBN 978-7-5667-2052-8
定　　价：38.00 元

出 版 人：李文邦
出版发行：湖南大学出版社
社　　址：湖南・长沙・岳麓山　　邮　　编：410082
电　　话：0731-88822559(营销部)，88821594(编辑室)，88821006(出版部)
传　　真：0731-88822264(总编室)
网　　址：http://www. hnupress. com
电子邮箱：749901404@qq.com

编辑委员会

序

　　《端溪书院史话》即将出版，应主编卢和歆、杨华之约作序，十分荣幸。本书分端溪溯源、开山鼻祖李材、越魄史笔全祖望、岭南大儒冯敏昌、斗南一老林召棠、理学名儒梁鼎芬等六章，并附录两广端溪书院大事记，将端溪书院数百年历史，以及在各发展阶段作出了重要贡献的山长，作了纵横交错、简明扼要的介绍。读者诸君，于焉可以了解端溪书院的发展历程、制度运作、教学活动、著名山长的学术成就及文化贡献等等，其阅读的欣悦与感怀，相信和我一样，自不待多言。

　　在这里，我想就端溪书院作为清代省级书院的特点，和大家分享一些看法。

　　其一，雍正十一年（1733年），为了适应书院普及的大势，打破宋元以来所谓"天下四大书院"的局限，雍正发布上谕，在总督、巡抚驻节之地建立省级书院。朝廷颁赐帑金，颁布优惠政策，集中地方人力、财力与学术资源等优势，建设一至两所省级重点书院，使其成为一省的文化、教育、学术中心，并引领各地书院的发展，是清代对于书院发展事业所作的建设性贡献。当时，全国创建了直隶莲池、山东泺源、山西晋阳、河南大梁、江苏紫阳、浙江敷文、安徽敬敷、江西豫章、福建鳌峰、湖北江汉、湖南岳麓、两广端溪、广东粤秀、广西秀峰、贵州贵山、云南五华、四川锦江、陕西关中、甘肃兰山等 20 余所省级书院。作为"雍正版 211 国家重点教育学术建设工程"的这批书院，由于受皇帝和各省高官重视，因此有经费充足、师资水平高、肄业诸生优秀、规模大、招生多、课程设置由朝廷议准通行等诸多特点，有兴趣的读者，可以参阅我的《中国书院史》的相关章节，这里不再展开讨论。端溪书院作为其中之一，省级书院所有的一般性特点应有尽有。

其二，端溪书院的招生范围与规模，随着两广总督、广东总督、广西总督的分分合合，有些变化。清承明制，顺治三年（1646 年）十月设两广总督，辖广东、广西两省，驻节肇庆。顺治十八年（1661 年）九月，两广总督拆分为广东、广西两总督。康熙四年（1665 年）五月，广东、广西两总督合并为两广总督。雍正元年（1723 年）八月，第二次拆分广东、广西二督，但次年四月又合并为两广总督。雍正六年（1728 年）十月，两广第三次分为广东、广西二督，且广西归并云贵总督管辖。雍正十二年（1734 年）十二月，广东、广西二督再一次合并为两广总督，直至清末，不再分设。因为辖区的这些变化，雍正十一年（1733 年）上谕创建省级书院后，由广东总督鄂弥达、广东巡抚杨永斌联名上奏，整修肇庆端溪、广州粤秀两书院为督抚分管的省级书院。当时规定，"其一应经费出入，端溪书院则委肇庆府通判管理，粤秀书院则委广州府通判管理，仍令布政使总理。至书院既经分设，应将肇高学臣所属之肇、高、雷、廉、琼五府，罗定一州，各学优生拨赴端溪书院肄业，将广韶学臣所属之广、南、韶、惠、潮五府，连州一州优生拨赴粤秀书院肄业。"也就是说，端溪书院成为省级书院之初，招生范围并不是广东、广西两省，而仅仅只是广东省西南地区的五府一州，即半个广东省。后世，端溪在广东、广西两省范围招生的惯例，其开始实施的时间，大概在雍正十三年（1735年）至乾隆十一年（1746年）间，至于具体时间，则有待进一步考证。

其三，乾隆十一年（1746年），两广总督驻地迁至广州，肇庆虽然不再是省会，但端溪书院省会书院的地位仍然保持不变。按照雍正十一年（1733年）创建省级书院上谕的规定，省级书院建在省级城市，即总督或巡抚驻节之地，这是必要条件。依此而言，两广总督既然迁离肇庆，那端溪书院就已失去必要条件，就不能再享受省级书院的待遇，不得称作省级书院。但事实上，乾隆以来，两广总督蒋攸铦、阮元、耆英等，或修葺，或筹资，或考课，或礼请山长，或制定规章，都在以不同方式为端溪书院的建设劳心费力；还规定，每年"岁十一月，总督示期甄别""两粤生童皆得与考"，并设置东、西监院，分管两省生童。种种迹象表明，端溪书院一直是两广总督直接管辖的省级书院。即便是光绪年间，两广总督张之洞在总督驻地广州新建广雅书院并在两省招生之后，也即总督有了就近管辖的省级书院之后，远在总督驻地数百里之遥的端溪书院，其省级书院的地位仍然没有改变。端溪书院何以如此之牛，个中缘由，值得探讨。

还要指出的是，端溪书院有总结经验教训、纂修志书的传统。有清一代，就有嘉庆二十一年（1816年）山长赵敬襄辑录的

《端溪书院志》一卷、道光二十八年（1848 年）董事赵登瀛刊印的《端溪书院志略》六卷、光绪二十六年（1900 年）山长傅维森序刊的《端溪书院志》七卷等三种志书传世。如今，又有卢和歆、杨华主编的《端溪书院史话》出版，此所谓传承有序，赓续发展，值得庆贺。

是为序。

邓洪波

2021 年 3 月 18 日于岳麓书院胜利斋

明经行修传薪火　立德树人育英才
（代序）

中国书院的历史悠久，至今已有一千多年历史。岭南地区第一所书院是创建于北宋建隆三年（962 年）的南雄孔林书院，但地位最高、规模最大、影响力最大的当属两广端溪书院。两广端溪书院由广东按察使司金事李材创建于明朝万历元年（1573 年）。清光绪三十一年（1905 年），两广端溪书院改为肇庆府中学堂；民国元年（1912 年），改名为省立肇庆中学；1949 年 11 月，学校正式定名为广东肇庆中学。端溪书院创办至今 448 年，学制改革以来 116 年，正式定名以来 72 年。从两广端溪书院到肇庆府中学堂再到广东肇庆中学，悠悠岁月、沧桑巨变，但弦歌不绝、薪火相传。

两广端溪书院在明清时期的岭南教育史上占据着重要地位。一是地位高，它是两广地区最高学府，可以择优录取两广的生源。二是受重视程度高，从嘉靖四十三年（1564 年）到乾隆十一年（1746 年）182 年间，肇庆一直作为两广总督的驻节之地，是岭南的政治文化中心。雍正皇帝曾钦赐端溪书院办学经费，总督、知府等各级官吏更是竭力支持端溪书院的发展。三是书院山长均学高为范，名声卓著。曾担任清华校长的梅贻琦先生说过，

"所谓大学者，非谓有大楼之谓也，有大师之谓也"，端溪书院可称得上名副其实。

端溪书院的山长史籍可考的有 34 位，其中有进士功名的就有 28 人，而且大多名列二甲以上，更有探花山长张岳崧、状元山长林召棠。端溪人重才学，更重品节，历任山长中多忠介、耿直之士。端溪人这种以身许国、抱道忤时和忠言敢谏的高贵品格深深扎根在万千学子心中。

书院代表着一种文化、一种品位、一种精神、一种气质。古代书院"育德为先"的教育理念与"传道济民"的教育宗旨，是当代教育首先应该继承的；学养深厚的大儒是决定书院办院理念与发展高度的重要因素，书院山长、讲书（教师）等，以自身学养和人格魅力影响着每一位生徒（学生），这是传统书院最为珍贵的财富。

一所学校的前世今生，既承载着厚重的历史，又启迪着未来的发展。坐落于肇庆市端州区的广东肇庆中学复建于两广端溪书院旧址上，且由两广端溪书院直接改制而来，是书院精神新时代的承继者和开拓者。如今，广东肇庆中学充分挖掘两广端溪书院的历史文化内涵和历任山长丰富的教育思想，是传承中华优秀传统文化最朴实而又最有意义、最校本化而又最有实效的做法。以德育涤心灵，以文化冶品格，涵养师生深厚的文化底蕴和人文情怀。从明朝李材的"止修"到清朝全祖望的"明经行修"，再到后来冯敏昌的"畜德为先""敦本力行"，林召棠的"修身践言，读书经世"，直至如今广东肇庆中学校训"格物致知，崇善尚美"，可谓返本开新，一以贯之。

传承端溪书院优秀文化基因是"肇中人"的光荣使命和责任担当。为进一步贯彻落实《关于实施中华优秀传统文化传承发展工程的意见》，肇庆市委、市政府于 2016 年推出"府城复兴"项目，并将端溪书院重建项目纳入其中，推动我校初中部布局调整、扩建一体化规划，努力将我校打造成中华优秀传统文化教育示范基地，为肇庆市建设历史文化名城发挥我校的地缘优势、人力资源优势。

新时代，广东肇庆中学立足于"文明优质，和谐创新"的办学理念，传承端溪书院之薪火，秉承"格物致知，崇善尚美"的校训，以优秀传统文化校本特色建设为载体，以经典诵读为基础，以多元文化展现为内涵，以师生文化互动为主线，不断探索和创新传统文化教育的内容与形式，取得了丰硕的成果。2017 年 11 月广东肇庆中学被评为第一届"全国文明校园"。

新时代、新教育、新思考，广东肇庆中学办学思想的生命力始终与时俱进，富含时代内涵；不忘书院传统，传承优秀文化。学校只有站在教育的原点、学生长远发展的立足点、国家民族教育发展的高点、学校历史文化的延续点上思考，唯有传承与发展，才能保持其旺盛的生命力！

是为序。

广东肇庆中学校长　陈淑玲
2020 年 8 月 30 日于仙女湖湖畔

目　次

第一章　端溪溯源　001

　　第一节　历史沿革述略　002

　　第二节　端溪书院的日常教学管理　017

　　第三节　学术教育传统特点　029

第二章　开山鼻祖李材　045

　　第一节　李材生平概述　046

　　第二节　李材与端溪书院　054

　　第三节　端溪书院 5 个"基因"　058

　　第四节　李材的教育思想　067

第三章　越魄史笔全祖望　075

　　第一节　全祖望生平概述　076

　　第二节　全祖望与端溪书院　079

　　第三节　全祖望的主要思想及成就　090

第四章 岭南大儒冯敏昌 101

第一节 冯敏昌生平概述 102

第二节 冯敏昌与端溪书院 106

第三节 冯敏昌的重要教育思想 113

第五章 斗南一老林召棠 125

第一节 林召棠生平概述 126

第二节 林召棠与端溪书院 129

第三节 林召棠的教育思想 147

第六章 理学名儒梁鼎芬 155

第一节 梁鼎芬生平概述 156

第二节 梁鼎芬与端溪书院 167

第三节 梁鼎芬的教育思想 176

附录：端溪书院大事记 190

后记 196

第
一
章

端
溪
溯
源

第一节　历史沿革述略

一、岭南重镇

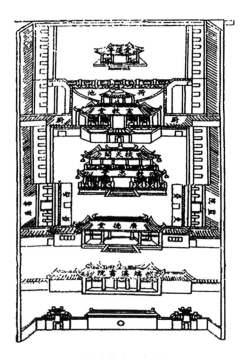

端溪书院示意图

巍巍北岭山，滚滚西江水。肇庆历史悠久，享誉中外，是岭南广府文化的发源地。从汉朝到清朝，因为优越的地理位置，肇庆多次成为岭南的政治、经济、文化中心。秦始皇分天下为三十六郡，肇庆大部分地区属于南海郡。汉武帝平定南越之后设置高要县，隶属南海郡；东汉三国时期建置均延续西汉，大体不改。

变化比较大的时期当属东晋以后，高要县被改为高要郡。南北朝时的陈朝开国皇帝陈霸先曾任西江督护、高要太守。隋朝对地方行政进行了相当大的改革。隋大业三年（607 年），改端州为信安郡。唐开元二十九年（741 年），又恢复端州。北宋重和元年（1118 年），当时的宋徽宗赐名肇庆府，辖高要、四会二县，至今得名九百余年。宋代的行政级别有路府（军）州县，肇庆属于广南东路，后来称之为广东。因端王赵佶当了皇帝，即大名鼎鼎的宋徽宗，端州城也跟着沾光。端州先是被升格为"兴庆军"（意为兴旺喜庆）。政和三年（1113 年），宋徽宗拨钱将兴庆军的土城拓建为砖城，过了两年又给端州修城墙，再提一级叫"兴庆府"，当年西夏首府也叫兴庆府，过了五年他又将兴庆改称肇庆，寓意开始带来吉庆。徽宗在《端州升为节镇诏》中提到"惟高要之奥区，乃南国之旧壤。土风淳厚，民物殷繁。朕诞受多方，绍承大统，顾启封于兹土，实赐履于先朝。茅土之荣，是为基命，节旄之重，宜赐隆名。"① 当年端王登基，广东通判燕瑛奏请赐书，宋徽宗亲笔御书"肇庆府"三个字，端州守臣古革为供奉御书，于北宋重和元年（1118 年）在府衙前筑高台建楼，名御书楼。明天顺六年（1462 年），郡守黄瑜重建，改称丽谯楼。今天丽谯楼上的"肇庆府"三个字就是宋徽宗的手迹。

元至元十七年（1280 年）设置肇庆路，置总管府。明洪武元年（1368 年），复称肇庆府，隶广东布政使司。明嘉靖四十三年（1564 年），两广总督吴桂芳奏请将总督府从广西梧州移驻肇庆，一直延续到清乾隆十一年（1746 年）才迁往广州，历时 180 多年。

清顺治三年（1646 年），朱由榔在肇庆建立永历政权，组织军民抗清，最终失败。清初沿明制。肇庆府为广东四大府城之一，领德庆州及高要、四会、新兴、高明、广宁、开平、鹤山、

---

① 司义祖，整理. 宋大诏令集：卷 59 [M]. 北京：中华书局，1962：602.

封川、开建、阳江、阳春、恩平等 12 县。明清在肇庆设置有道台，巡行各地。肇庆当百粤卫，扼山海之险，历来为朝廷所重，在明清时期是西江流域的政治、经济、文化、军事中心，180 多年的两广总督府所在地；今天的肇庆是国家级历史文化名城，来到肇庆就能感受到肇庆厚重的历史底蕴。这座城就像一本厚重的书，让人有想进一步好好读下去的念头。

二、书院概况

书院是中国古代社会一种独特的教育场所。士大夫仕于朝，隐于野，他们其中有很多人归隐时会选择在书院教书育人，传道兴学。书院起源于唐朝是不争的事实。书院最初主要是政府的藏书机构，后来慢慢职能发生变化。自宋朝理学兴盛以来，民间书院讲学之风气大盛，有志于道的封建士大夫以极强的社会责任感传播儒家思想，造就了中国千年不屈的民族脊梁。

关于书院的得名和性质，不同的学者有不同的看法。书院也有其不断演进变化的过程，角度不同可能会有不同的见解。李国均主编的《中国书院史》认为："书院教育是指以私人创建或主持为主，收藏一定数量图书，聚徒讲学和研讨，高于一般蒙学的特殊教育组织形式。其中广收图书、聚徒讲学为书院教育的本质特征。"[①] 常德增、刘雪君著的《科举与书院》认为："书院是一种私人性质的教育机构，最基本特征是聚徒讲学，基本规制有所谓的藏书、讲学、祭祀三大事业，并有相对固定的诸如学田、学规等一系列制度。"[②] 季啸风主编的《中国书院辞典》称书院是"中国古代特有的一种教育机构和学术研究场所，始于唐，兴于

---

① 李国均. 中国书院史［M］. 长沙：湖南教育出版社，1994：2.
② 常德增，刘雪君. 科举与书院［M］. 济南：山东教育出版社，2009：75.

宋，沿至清末，历时千年，发展遍及全国，多达数千所"①。邓洪波教授则称："书院是新生于唐代的中国士人的文化教育组织，它源自于民间和官府，是书籍大量流通于社会之后，数量不断增长的读书人围绕着书，开展包括藏书、校书、修书、著书、刻书、读书、教书等活动，进行文化积累、研究、创造、传播的必然结果。"② 学者们对书院的概念解释大致是相同的，只是侧重点有所不同罢了。书院就是切磋学问，弘扬道统，培养人才的地方。书院的讲学、藏书、祭祀三大职能是共通的。

自明朝中期开始，社会经济发展的同时，社会矛盾日益尖锐，统治更加腐朽，日益僵化的程朱理学也无法收服人心。官学教育质量下降，培养不出适应时代变化和统治需要的人才，成化年间礼部尚书姚夔言："太学乃育才之地，近者直省起送四十岁生员，及纳草纳马者动以万计，不胜其滥，且使天下以货为贤，士风日陋。"③ 以致"不得不复修濂洛关闽之余业，使人知所向往。于是通都大邑，所在皆有书院"④。因此出现了民间书院大发展的局面，地方书院日益增多。书院对发展地方文教事业、稳定统治都有益处，因此很多地方官是支持的，甚至直接创办书院。但明中期以后的书院不再是单纯的教育机构，有些甚至形成学术中心，及士人集会讽喻朝廷的场所，并一度受到打压，但书院的发展势头没有减退。

腐败的官方教育机构太学承担不了培育人才的作用，封建王朝在对人才的需要方面遇到了新的挑战。明代中期以来社会矛盾尖锐，宋明理学标榜的仁义道德和理论束缚解决不了社会的诸多

---

① 季啸风. 中国书院辞典 [M]. 杭州：浙江教育出版社，1998：686.
② 邓洪波. 中国书院史 [M]. 上海：东方出版中心，2004：1-2.
③ 张廷玉. 明史：卷20 [M]. 北京：中华书局，1974：1683.
④ 王涵. 中国历代书院学记 [M]. 北京：首都师范大学出版社，2010：130.

矛盾，各地的农民起义不断，加上商品经济的发展，社会发展进入新阶段。王阳明、湛若水等思想家力求从思想方面寻求缓解社会矛盾的入口。

封建士大夫的书院讲学之风有利于朝廷，朝廷也放松了对书院的限制，皇帝为书院赐匾、赐书现象时有发生。地方官员也致力于书院的建设，一些著名的学者也致力于讲学，使书院与学术再次结合。全国各地的书院在嘉靖、万历两朝均受到禁毁，"嘉靖十六年（1537年）罢各处私创书院，时御史游居敬论劾王守仁、湛若水伪学私创"[①]，"万历七年（1579年），诏毁天下书院"[②]，但嘉靖、万历两朝创建的书院还是不断增多，"虽世宗力禁，而终不能止"[③]，"分明是越禁越多"[④]。这种现象跟心学的兴起是紧密相关的。阳明之学对程朱理学造成极大的冲击，王阳明在德行功业上的成功足以证明阳明学说的实践性。阳明后学弟子纷纷著书立说，开宗立派，以书院为载体传播阳明学说于天下。

三、端溪缘起

明代中叶以后，以王守仁、湛若水为代表的大批学者展开了对官学化的程朱理学的反思，形成了与之对峙的"心学"，并且风靡一时。理学门徒到处倡设书院，奉祀先师、先贤和讲明正学。肇庆也兴起了创设书院的热潮，从宣德六年（1431年）到万历四十年（1612年），先后创办了崧台等10所书院。其中，广东佥事李材于万历元年（1573年）创办的端溪书院（旧址位于今肇庆市端州区城中路167号广东肇庆中学初中部）在清代得到重修

---

① 夏燮. 明通鉴：卷57 [M]. 北京：中华书局，1959：2140.
② 张廷玉. 明史：卷20 [M]. 北京：中华书局，1974：266.
③ 沈德符. 万历野获编 [M]. 北京：中华书局，1959：608.
④ 邓洪波. 中国书院史 [M]. 上海：东方出版中心，2004：379.

和扩建，并一直存续至清末。

据《肇庆市志》记载："明万历元年（1573 年），分巡岭西道副使李材创办端溪书院于兵巡道署左侧。"[①] 北宋重和元年（1118 年），宋徽宗赐端溪书院所在地为肇庆府，为广东四大府城。其政治地位举足轻重，而且连接两广，历来为朝廷所重视。明嘉靖四十三年（1564 年）六月，两广总督吴桂芳奏请将总督府从梧州迁往肇庆，"以开府梧州，惠、潮山海寇时发，相去二千里，文檄往来征调为难，乃徙于肇庆"。[②] 至此肇庆作为两广总督的驻节之地共 180 余年，一直延续到清乾隆年间。

肇庆为两广地区的政治文化中心，所辖区域少数民族众多，社会矛盾尖锐，加之明朝中后期倭寇袭扰，导致肇庆地区也饱受战火洗礼。因此明代时，朝廷设两广总督镇守，同时在肇庆还设有岭西兵备道。兵备道全称整饬兵备道，按例由按察司副使或佥事兼任，可以直接指挥军事，并有监察地方官吏的职权。

明穆宗在位时期，江西人李材由兵部主事调任岭西兵备道，从而到达肇庆。李材，字孟诚，江西丰城人，其父曾任兵部尚书。明嘉靖四十一年（1562 年），李材考中进士，朝廷授刑部主事，但他自以为学业未成向朝廷乞假南归。南归后，李材师从王阳明的再传弟子邹守益，颇具师祖之风，其后一生也是讲学不辍。

明隆庆五年（1571 年），李材到任肇庆，显示了自己的军事才能，迅速平定乱匪，剿灭倭寇。戎马之余向弟子们讲授心性之学，经弟子们所请，于万历元年（1573 年）购买空宅改建书院，

---

① 端州区地方志编纂委员会. 肇庆市端州区志［M］. 北京：方志出版社，2012：842.

② 阮元，监修. 广东通志·前事略［M］. 李默，点校. 广州：广东人民出版社，1981：191-192.

取名端溪。为什么会以此命名呢？经过史料梳理，我们发现原因有三种，一是高要县烂柯山下的小溪水名称，二是古端溪县县名以及县里的溪水名称，三就是西江的旧称。我们可以推理下，会不会是为了纪念明朝初年就被废掉的一个县而突发灵感？还是为了纪念不存在了的当时县里面的一条小溪？我们不得而知，奇怪的是，李材当时为什么不用"西江"命名书院呢？毕竟西江流域广阔，川流不息。可能主要是由于当时郡人对西江有不同的理解，"郡北故无堤，沥水环绕。自成、弘后，沥为堤捍，上自桂林，下至羚羊峡，滔滔而东。其气不聚，人才遂如晨星，未可尽归于人事也"。① 西江的滔滔而东难以聚气，因此人才"遂如晨星"，这种看法今天看来毫无科学依据，但古代肇庆的诸生们深信不疑，因此才有了崇禧塔的兴建，目的是振兴文教。身为肇庆父母官的李材不会不知道这个民间传言。

因此，论名气烂柯山下的那条名叫端溪的涓涓细流虽赶不上西江，但它带给文化人的是精神上的无限向往，那里是端溪石的出产之地。端溪石在流淌的端溪水里得到滋养和润泽，端砚的分量也提升了端溪水在文人墨客心中的地位。正德年间的进士，曾为官德庆寿康驿丞的王崇庆索性自号端溪先生，表达对端溪的青睐。创办书院的目的无非是培养人才，出世为民。让肇庆的读书人像那小小的端砚石一样，在书院里刻苦攻读，日后成为国家的栋梁之材。因此端溪书院得名于此的可能性最大。

另外李材视周敦颐为大贤，书院创办之初曾经专门指示，在书院中要有祭祀的地方，周敦颐的家乡有一条小溪叫濂溪，因此周敦颐也自称濂溪先生，创办的书院称濂溪书院，想必端溪书院

---

① 郑一麟. 广东历代方志集成·肇庆府部：（一）[M]. 广州：岭南美术出版社，2019：138.

的得名也有名人效应的意味。

斯人已去，精神永存。端溪书院早已不在了，但是端溪水依然，涓涓细流恍如隔世，溪水中的端砚石也许依然在溪流中浸润，等待重现。曾经辉煌一时的端溪书院犹如等待重现的端砚石，只有不断挖掘其内核，传承其精神，才是对它最好的纪念。

明万历二年（1574 年）七月，李材升任申威道兵备副使，移驻惠州。有明一代，阳明之说就饱受争议，李材建书院兴讲学之风，引起两广总督殷正茂的不满，致使端溪书院被停办，书院也被挪作他用。这对李材是一个很大的打击，他认为："富贵原非吾愿，夫安能屈首，唯大吏短长。"遂以病乞归故里，从此这位端溪书院的创始人与端溪书院再无交集。

李材与殷正茂在书院上的矛盾实际上与张居正的态度有关。殷正茂与张居正乃同榜进士，且两人私交甚厚。殷正茂对待端溪书院的态度很大程度上反映了张居正的意愿。明万历元年（1573 年）张居正当权，开启了大明王朝的万历新政历程。当政之初，围绕教育问题，张居正就表达了自己的理念，号召学子注重实学。他曾多次致国子监官员书："愿今之学者，以足踏实地为功，以崇尚本质为行，以遵守成宪为准，以诚心顺上为忠。"[①] 他认为为学要重实用，对空谈之风尤为反感。他认为各地建书院就是聚党空谈，势必会使大批士人的精力浪费在门户之争上。明万历三年（1575 年）张居正告诫各地提学官不许另建书院。"群聚徒党，及号召地方游食无行之徒，空谈废业。"[②] 另，张居正的新政改革触动了一些权贵的既得利益，一些人利用地方书院讲学之机攻击

---

① 张居正. 张太岳集·答南司成屠平石论为学书［M］. 上海：上海古籍出版社，1984：361.

② 张居正. 张太岳集·答南司成屠平石论为学书［M］. 上海：上海古籍出版社，1984：361.

新政，这也引起了他极大的愤怒。万历七年（1579年）正月万历皇帝下诏毁天下书院。因此在张居正当政时期书院的发展进入了一个衰落期，而爱好讲学的李材一直也没有得到朝廷的起用，始终受到张居正的压制。

清顺治时期，时当清朝入关之初，民族矛盾十分尖锐。为了防止汉族士人利用书院从事反清活动，清朝政府对于书院的政策一度趋于严厉。顺治九年（1652年），清朝政府向天下学宫颁行卧碑，对士子严加约束并下令，"各提学官督率教官，务令诸生将所习经书义理，着实讲求，躬行实践，不许别创书院，群聚结党，及号召地方游食之徒，空谈废业"。[①] 顺治十六年（1659年），又行文各地，严禁结盟订社。与此同时，有鉴于明代中叶以后及清前期各地府、州、县学除督率诸生于朔望及春秋二季举行祭孔典礼，值岁科两试之际造具生童名册上之督学使者和办理本地诸生帮增补廪、举优出贡等事务性工作外，书院并无太多的教学职能。此时的清政府对书院的存在的讳莫如深，主要是从汉人集会聚众会威胁到其统治为出发点来考虑的。

顺治皇帝入关之后，随着清王朝的统治日益巩固，对书院的兴建，政府有所松动。顺治十四年（1657年），偏沅巡抚袁廓宇就得到顺治皇帝俯允恢复了衡阳石鼓书院。其他地方有些书院也开始陆陆续续得到恢复或新建，但是数量不大，国家在战乱之后首在经济复苏，社会安定，文教事业也只能推后了。

康熙年间，中国社会进入了一个和平发展的新时期。这样，为了进一步巩固封建统治，防止人民反抗，加强封建思想统治便提上了各级统治者的议事日程。首先察觉到这一问题的是各地颇有政治头脑的政府官吏。他们在与广大人民接触的过程中，深感

① 白新良. 中国古代书院发展史［M］. 天津：天津大学出版社，1995：124-125.

人民群众中孕育着不安定的力量，"丰稔之岁，则相与赌博酣歌，沉湎荒淫，流荡而忘返；饥凶之年，则但见鸠形鹄面，扶老携幼，逃散而无归，人民流离，田地荒芜，盗贼窃发，狱讼繁兴"。面对这种形势，他们感到必须振兴文教，进行社会教化。因此各地官绅开始自发兴办书院。据统计，截至康熙二十年（1681 年）三藩叛乱平定时，全国各地新建和修复、重建前代之书院已有近200 所。如果再加上顺治时期 100 多所新建和修复的前代书院，全国书院总数不下 300 来所。三藩叛乱平定之后，随着社会经济的恢复和发展，全国书院数量迅速增长。康熙皇帝是一位杰出的君主，他对汉族先进文化异常热爱。其亲政后不久，即开经筵日讲，积极学习儒家典籍、历史著作和各种自然科学知识。几十年中，毫无懈怠。通过学习，他深感儒家经典和各种文化知识对于管理国家、治理人民有着极其重要的意义和作用，从而举起了"崇儒重道"的旗帜。与此同时，顺治以来政府所提倡兴办的社学却走上了绝路。社学的多数不过是靠政府行政命令一哄而起，名不副实，既不能实现统治者宣传儒学的愿望，也无法满足社会尤其是士人阶层的文化需求。康熙皇帝把目光转向了传统教育机构——书院。三藩叛乱平定之后，他对各地书院建设的态度更为明确，积极支持各地书院建设发展。

四、端溪建筑格局

端溪书院的选址没有背靠北岭山择一偏僻幽静之处，而是选址在端州城市区。但其前有西江水，奔流不息，方位坐北朝南。书院选址是有一定考究的，过去的端州城比较小，加之创建之初李材总是利用闲暇之余讲学，不可能远离官署，清朝复建端溪书院之时也是秉承这一做法，紧靠肇庆府署，方便官员讲学。端溪书院在创办之初其性质就是官办书院，书院的很多行政事务监院都要请示肇庆知府和肇罗道官员，甚至总督，所以在书院的建置上也有这方面的考量。

书院在过去教育系统中的位置至关重要，地方官员秉承朝廷旨意格外重视书院的发展。书院建筑根据本身特有的教育功能有别于其他的建筑，别具特色。书院大多表现出中轴对称的建筑格局，大门、二门和作为书院三大事业（讲学、祭祀、藏书）所对应的讲堂、祭祀殿堂、藏书阁被依次排列在主轴线上，这也反映了儒家居中为贵的思想。书院的斋舍、客馆以及山长的住所位于主轴线两侧，游憩区域则单独分区，体现出尊卑有序、主辅分明，书院建筑周边营造园林景观，加上书院一般选址于山清水秀，风景优美之地，这就使得书院建筑融入自然景观之中，体现了古人"天人合一"之思想。书院建筑错落有致，规范严整，既能体现上下等级尊卑，一些亭台楼阁休闲区也能体现上下调和，众人之乐。总体上书院的建筑格局体现了一种"礼乐相成"的儒家思想。

古代的建筑主要以"间"为单位，书院讲堂一般为面宽三至五间。根据书院的规模大小，也会有多个讲堂。书院传道授业，传播学术思想等教学活动都在讲堂中进行。书院开讲前都要遵循一个顺序，先在主讲、副讲登台前，礼拜先圣，引赞喊"登讲席"后，再"鸣讲鼓"才能开讲，这样的规制体现了师道尊严的思想。

祭祀一直都是书院传统，书院的祭祀专祠也成为书院除讲堂和藏书阁之外的重要组成部分。端溪书院就设有祭祀书院创始人李材和著名山长全祖望两位先生的专祠。不仅如此，端溪书院还专门建有景贤阁，祭祀陈献章、陈秉常、张东所、谢天赐、陈尧山、卢冠岩、叶石洞、唐曙台、罗元山，黄泰泉、杨复所、湛甘泉、林缉熙、伍光宇、李抱真、庞弼唐、薛侃、丘浚、区孝先等先贤。书院的祭祀有非常严格的仪式，由山长率领生徒共同参与，以此来激励学生一心向学，追慕圣贤。书院教授生徒不能无书，书院对藏书也是极其重视，"凡则书院，必设书楼"。所以一般都会有专门的藏书之地。

端溪书院的建筑总体来说布局严谨，规范有序，渗入了儒家思想和教学旨趣，对学生进行一种无声的德育教育。

五、端溪重光

在整个社会大环境的变化下，清康熙四十七年（1708 年），两广总督赵宏灿在端溪书院旧址复建书院，取名"天章"。"天章"本义天文，指分布在天空中的日月星辰。赵宏灿是清初名将赵良栋之子，深得康熙皇帝信任和赏识。他将书院取名为"天章"，取其天彰之意，认为能镇一县之文风，系一邑科举之兴衰。

随着大清王朝统治基础的巩固，统治者越来越自信，对创设书院大力提倡，书院终于迎来了它的兴盛时期。雍正十一年（1733 年）清廷曾发出上谕，明确表示对人才的渴求，各省督抚学政要重视书院发展，给予省级书院拨款，以示支持。作为省级书院的端溪书院也在受助之列，成为广东获得拨款的两所书院之一。时任总督郝玉麟谨遵上谕，不遗余力重修书院，竣工后亲往授课，并捐银二千两。当时"远近学者云集"①。

从道光年间开始，中国遭遇了变局，面临着内忧外患的窘境。此时的端溪书院也呈衰败之势。1840 年鸦片战争后古老的中

---

① 赵敬襄，傅维森. 端溪书院志［M］. 赵克生，宋继刚，点校. 长沙：岳麓书社，2015：16.

国进入了风雨飘摇的近代时期。广东最先遭到西方列强的侵略。此时督抚虽然已经从肇庆迁驻广州，但是肇庆也受到了极大的影响。肇庆政治地位的下降，也带来了对端溪书院关注力的下降。端溪书院失去了往日的风采，书院建筑毁坏严重。道光十二年（1832年），赵长玲在《重修端溪书院碑记》中写道：余奉命来是邦校阅之次，见其堂芜弗修，斋舍倾圮，诸生肄业无所。道光二十五年（1845年），诸生何碧溪等人专程去省城求见总督耆英，恳请拨款修葺书院，总督府应付外国侵略自顾不暇，因而仅拿到了"批司行府筹议"的批示，后来竟然不了了之。

咸丰初年，太平天国运动爆发，并迅速席卷中华大地。肇庆的天地会响应太平天国起义，陈荣率众攻占府城，端溪书院遭逢大难。书院志记载此为"赭寇之乱"，书院旧存书籍、联额、诗歌木榜等俱遭散失。咸丰五年（1855年），官府用书院当年所收租金修复书院。

光绪年间，张之洞曾出任两广总督。下车伊始，面对的棘手问题就是中法战事。张之洞力主抗法，积极筹措军饷，援助外省作战。广西战事不利时，他全力支持刘永福，起用老将冯子材，取得了中法战争的胜利。战争使张之洞认识到办洋务不可缓，非效西法不足以保中国。办洋务首在育人才，传统的书院教学以研习儒家经籍为主，不能培养实用技术型人才，因此张之洞致力于书院改制，以"造真才，济时用"为宗旨。虽然两广总督府早已迁驻广州，但是张之洞还是多次不辞辛劳乘船视察肇庆。他对端溪书院寄予了厚望，即便是后来创办了广雅书院，也没有因此而冷落端溪书院。对于端溪书院，张之洞任职期间不遗余力支持其发展，在规章制度方面多有改进，思虑深远。

光绪十五年（1889年），为平息砚石山坑之争，两广总督张之洞亲往肇庆。按原定将开采来的砚石坯料分作十二股，官方得三股，以作贡品之用。但是，各方霸占砚石矿而又开采无序，造成了民众的不断请禁、请开，缠讼不休，再加上民间一些对坑采砚石有伤风水的流言，以及还会对围基、纤路等造成损坏，故要求封禁。张之洞为了查明事实，坐船视察羚羊峡，作出了不予封禁的决定。他规定采石商人何昆玉缴银二千两给端溪书院作经费之用，这既确保了砚石的合理开采，也体现了对端溪书院的重视。

张之洞督粤期间力排众议，大胆起用因参奏李鸿章而获罪辞官的梁鼎芬。中法战争期间梁鼎芬加入张之洞幕府，逐渐成为张之洞幕僚中最得力的干将，"文襄（张之洞）大事必以咨询，辄深谈竟夜，习以为常"①，帮助张之洞全面推行新政。在教育方面，张之洞"言学务惟鼎芬是任"，可以说梁鼎芬是全面贯彻张之洞教育思想的人。梁鼎芬（1859—1919），光绪六年（1880 年）进士，授编修。历任知府、按察使、布政使，因弹劾李鸿章误国，时人比之为杨忠愍之参严嵩，其耿直言行为士人所敬重。1886 年 4 月，张之洞聘请梁鼎芬执教惠州丰湖书院。1887 年夏，梁鼎芬转任端溪书院山长。张之洞延聘梁鼎芬，显示了他的不凡气度和重整端溪书院的决心。当时的端溪书院因为太平天国的战乱损毁严重，虽然当地官员进行过修葺，但是张之洞显然是要这所久负盛名的书院在大变局时代扮演更大的角色，所以他不仅重修书院，而且选派亲信幕僚执掌端溪书院。

张之洞的洋务教育思想核心体现在他 1898 年发表的《劝学篇》中，他说："新旧兼学：四书五经、中国史事、政书地图为

---

① 吴天任. 梁节庵先生年谱［M］. 台北：艺文印书馆，1979：91.

旧学，西政、西艺、西史为新学。旧学为体，新学为用，不使偏废。"① 这就是我们常说的"中学为体，西学为用"。近代中国处处落后，急需"致用"之人，但也不能放弃中学，中学的作用在于"固其根柢，端其识趣"，张之洞作为清王朝的封疆大吏，始终站在维护清王朝统治的角度，希望通过自己的洋务教育，来达到巩固统治的目的。端溪书院作为两广地区地位最高、影响力最大的书院之一，因此，张之洞希望通过改革能使其更好地适应封建社会发展，满足巩固统治的需要。

端溪书院的课程在原有的基础上增加经古各艺，总督巡抚亲往授课。严格考试制度，扩大奖励名额，力求甄别优秀人才。梁鼎芬还更定《端溪书院章程》《监院章程》《院役章程》等。规定学生砥砺品节，学求致用，力戒浮薄，尽心受教；禁止吸食鸦片，行为孟浪等。

广雅书院创建后，梁鼎芬出任其首任山长，端溪书院的山长之位由因直言辞官的浙江人朱一新接任，符合张之洞"品行谨严，学术雅正"的用人标准，继续贯彻张之洞洋务教育思想。直到清光绪三十一年（1905 年），端溪书院终于结束了它的历史使命，改为肇庆府中学堂，此为现代广东肇庆中学的正式开端；民国元年（1912 年），改名为省立肇庆中学；1949 年 11 月，学校正式定名为广东肇庆中学。端溪书院创办至今 448 年，学制改革以来 116 年，正式定名以来 72 年。从两广端溪书院到肇庆府中学堂再到广东肇庆中学，悠悠岁月、沧桑巨变，但弦歌不断，从历史中走来，我们薪火相传，继往开来。

---

① 张之洞. 劝学篇·设学第三 [M]. 北京：华夏出版社，2002：94.

第二节　端溪书院的日常教学管理

一、端溪书院的师资管理

1. 书院的山长

端溪书院的山长据史料详查可考的有34位，分别是：李材、刘斯组、沈廷芳、吴延熙、全祖望、何梦瑶、陆嘉颖、马俊良、饶庆捷、冯敏昌、聂肇奎、刘彬华、吴诒沣、谢兰生、聂镜敏、张岳崧、赵敬襄、胡森、林召棠、蔡锦泉、吴家懋、史澄、苏廷魁、李光廷、易学清、梁鼎芬、朱一新、林绍年、何荣阶、林国赓、傅维森、杨裕芬、李良骥、陶邵学。

笔者对端溪书院以上山长的出身和经历等相关情况进行了统计，如下表所示：

姓名	籍贯	始任年份	简介
李　材	江西丰城	万历元年（1573年）	嘉靖四十一年（1562年）进士，曾任刑部主事、兵部郎中、广东佥事、云南按察使等职。著有《兵政纪略》《将将纪》《经武渊源》《岭西兵政抄》等，好讲学，人称见罗先生。
刘斯组	江西新建	雍正七年（1729年）	字锡佩，一字斗田，雍正举人，授江西分宜教谕。
沈廷芳	浙江仁和	乾隆三年（1738年）	字畹叔，乾隆丙辰召试博学鸿词，授庶吉士，累官至按察使，乾隆年间主讲端溪书院，寓高要一年。
吴延熙	浙江归安	乾隆十年（1745年）	字铭佩，雍正甲辰进士，庶吉士，授编修，乾隆年间主讲端溪书院，寓高要两年。

姓名	籍贯	始任年份	简介
全祖望	浙江鄞县	乾隆十七年（1752年）	号谢山，乾隆进士，庶吉士，史学家、文学家。有《鲒埼亭集》等多部著作。
何梦瑶	广东南海	乾隆十八年（1753年）	号西池，雍正进士，著名学者。有《伤寒论近言》等多部著作。
陆嘉颖	浙江仁和	乾隆二十七年（1762年）	字大田，雍正癸丑进士，庶吉士，官至左中允。
马俊良	浙江石门	乾隆四十六年（1781年）	字嵫山，乾隆辛巳进士，任内阁中书。有《易家要旨》《春秋传说荟要》《禹贡图说》等多部著作。
饶庆捷	广东大埔	乾隆五十二年（1787年）	字德敏，号曼塘，乾隆乙未榜三甲第八名进士，钦点翰林院庶吉士，后授翰林院检讨，任清《四库全书》编纂分校官十年，后再任五年内阁中书舍人。历掌韩山书院、粤秀书院、端溪书院。著有《馆课拟存》文集四卷，《桐阴诗集》八卷。
冯敏昌	广东钦州（现为广西钦州）	嘉庆元年（1796年）	字伯求，号鱼山，乾隆戊戌进士，刑部主事，著名学者。著有《小罗浮草堂诗集》。
聂肇奎	湖南衡山	嘉庆九年（1804年）	字季观，乾隆壬子举人，主讲书院三年。
刘彬华	广东番禺	嘉庆十一年（1806年）	字朴石，嘉庆辛酉进士，授编修。著有《岭南群雅集》。
吴诒沣	安徽桐城	嘉庆十五年（1810年）	字华川，乾隆壬戌进士，官至云南曲靖知府。
谢兰生	广东南海	嘉庆十八年（1813年）	字佩士，嘉庆壬戌进士，庶吉士，著名学者。著有《常惺惺斋文集》。
聂镜敏	湖南衡山	嘉庆十九年（1814年）	字心如，聂肇奎之子，主讲书院一年。

姓名	籍贯	始任年份	简介
张岳崧	广东定安（现为海南定安）	嘉庆二十年（1815 年）	字翰山，嘉庆己巳年探花，授编修，官至湖北布政使。著有《筠心常文集》。
赵敬襄	江西奉新	嘉庆二十一年（1816 年）	字竹冈，嘉庆己未进士，任吏部主事，主讲书院五年。
胡 森	江西南城	道光元年（1821 年）	字香海，乾隆己酉进士，任福建罗源知县，主讲书院十二年。
林召棠	广东吴川	道光十三年（1833 年）	号苔南，道光癸未状元，授翰林院修撰，主讲书院十五年。著有《心亭亭居笔记》《心亭亭居诗存》等。
蔡锦泉	广东顺德	道光二十八年（1848 年）	字文渊，道光进士，庶吉士。
吴家懋	广东番禺	道光二十九年（1849 年）	字兰湖，嘉庆庚辰进士，庶吉士，任广西归顺知州。著有《欣所遇斋诗集》，主讲书院六年。
史 澄	广东番禺	咸丰七年（1857 年）	字穆堂，道光庚子进士。著有《退思轩诗存》。
苏廷魁	广东高要	咸丰九年（1859 年）	字德林，道光乙未进士，庶吉士，授编修，官给事中。著作有《守柔斋行河集》。
李光廷	广东番禺	同治元年（1862 年）	字著道，咸丰壬子进士，授吏部主事。著作甚丰，有《汉西域图考》《宛湄书屋文钞》《北程考实》等多部。
易学清	广东鹤山	光绪六年（1880 年）	字兰池，同治戊辰进士，授户部主事，主讲书院七年。
梁鼎芬	广东番禺	光绪十三年（1887 年）	字星海，光绪庚辰进士，庶吉士，授编修。曾为溥仪的老师。著有《节庵先生遗稿》。

续表 3

姓名	籍贯	始任年份	简介
朱一新	浙江义乌	光绪十四年（1888 年）	字鼎甫，光绪丙子进士，庶吉士，官至监察御史。有《无邪堂答问》等多部著作。
林绍年	福建闽县	光绪十六年（1890 年）	字赞虞，同治甲戌进士，庶吉士，官至监察御史。
何荣阶	广东番禺	光绪十八年（1892 年）	字云裳，光绪丁丑进士，庶吉士，授编修，官至监察御史。
林国赓	广东番禺	光绪二十一年（1895 年）	光绪壬辰进士，任吏部文选司兼验封司主事。有《读陶集札记》《元史地理志今释》等多部著作。
傅维森	广东番禺	光绪二十四年（1898 年）	字志丹，光绪乙未进士，翰林院庶吉士。著有《缺斋遗稿》《端溪书院志》。
杨裕芬	广东广州	光绪二十六年（1900 年）	履历不详，主讲书院一年有余。
李良骥	广东番禺	光绪二十七年（1901 年）	履历不详。
陶邵学	广东番禺	光绪二十九年（1903 年）	字子政，光绪甲午进士，任内阁中书。先后主讲星岩书院、端溪书院。著有《续汉志刊误颐巢类稿》等。

（此表参考《端溪书院志》《宣统高要县志》《肇庆府志》等史料）

在端溪书院可考的 34 位山长中，具有进士功名的有 28 人，约占山长总人数的 82%；其余山长除个别无从稽考外也大多是举人出身。由此可见，端溪书院山长的选拔倾向于有功名在身的人。端溪书院的恢复得益于朝廷文化教育政策的转变，山长的官学出身充分体现了朝廷的这种理念。乾隆元年（1736 年）上谕：凡书院之长，必选经明行修、足为多士模范者，以礼聘请，不分本省邻省已仕未仕。两广督抚体察朝廷旨意，在端溪书院山长的选聘上不局限于其籍贯。在可考的山长中，有多位具有外省籍贯。尤其是聘请到了像全祖望这样的当世大儒，虽全祖望执教端溪书院的时间不长，但对书院的影响是深远的。

2. 监院以及其他人员

监院是书院中的二号人物，地位仅次于山长。山长负责教学，监院主要负责书院的日常管理和行政事务，与官府的沟通也是由监院负责。山长作为学术权威、教学主管，一般不会去管具体事务，因此监院的管辖范围相当广，有相当大的职权。监院始设于明代，盛行于清，主要由地方行政长官委派或由学官兼任。监院的权力极大，名义上受山长约制，但由于其是官方设在书院的代表，因此往往可以越过山长直接向衙门负责，甚至还有暗中监视山长的权力。

清光绪十三年（1887年），梁鼎芬为端溪书院的监院订立了相关章程，规定了监院的职责、义务和权利等。主要有：一、凡每月膏火，监院在讲堂发给；二、凡应课生徒，无论在院内院外，遇见监院，均宜恭谨，不得侮慢；三、凡住院生徒，到院之日，往监院厅上一揖，以示敬礼；四、院内生徒，新设出入写号簿，凡写号者，至监院门首自写，不得私出；五、每日酉刻，监院将院内巡察一回；六、院内院科、号房、更夫、院丁各色人等，全归监院管理，勤者加奖，惰者斥退。[①]

端溪书院的其他职事人员还有院役6名，书办1名，号房2名，茶房1名，厨夫1名，水夫1名，掌书1名，洒扫院丁2名，更夫2名。各人分工明确，各司其职。光绪十三年（1887年），梁鼎芬还为端溪书院制定了院役章程，如，"果能恪遵规矩，勤

---

① 赵敬襄，傅维森.端溪书院志［M］.赵克生，宋继刚，点校.长沙：岳麓书社，2015：56.

慎当差，每节由院长（即山长）自行优奖，以示鼓励""院丁、更夫、水夫，各司其事，如敢不听监院、生徒使唤，即行斥逐。私自作弊者，送县究治，勤者有赏"。①

二、端溪书院的教学管理

1. 书院的学规

书院作为教育机构和学术思想研究场所，经过历朝历代的不断完善发展，在制度方面已经比较完备。在办学思路、办学形式、教学管理、生徒招收等方面都有一整套的制度。尤其是在众多的官方书院中，模式化更是明显。书院的学规就是一所书院长期以来制度传承的一个最好例证，它阐释了书院的办学理念和宗旨、培养目标等。

书院培养学子首先在于德，立德树人成为永恒不变的精神内核。端溪书院自李材创建以来培养了一代又一代的学子，开肇庆乃至岭南教育的先河。端溪书院的学规现在看来仍有很强的现实教育意义。

乾隆十七年（1752 年），一代史学大师全祖望接受了时任广东巡抚苏昌的聘请，出任山长一职。全祖望到任后，不顾病体，力求有所作为，他在《送耜堂掌教新会》中写道："张林湛李都零落，木铎消沉三百年。""年来绝学已榛芜，大雅危轮好共扶。"诗中所写既是勉励故人也是鞭策自己，虽"凄绝鹧鸪清夜泪，一樽为我酹南枝"，也时刻不敢忘自己肩上的责任。他还自比三国时期的虞翻，"仲翔真直节，垂老乃投荒"。经过一番深思熟虑后，全祖望制定了新的学规。虽然只有"正趋向""励课程""习词章""戒习气"四条，但是内容丰富。冯敏昌执教端溪书院，

---

① 邓洪波. 中国书院学规集成［M］. 上海：中西书局，2011：1367.

为了端正学生的思想，树立良好的学风，于是定了《端溪书院学规》，提出"正学宜先讲，志向宜先立。品行宜先敦，义利宜先辨。礼仪宜先习，五经宜背诵。书理宜疏通，文体宜先正。诗赋宜究心，书艺宜得功。诗学宜兼及，训诂宜先通。课程宜各立，应课宜自勉。出入宜节少，是非宜力戒"等主张。

2．书院的教学

端溪书院的创始人李材师从王阳明弟子邹守益，学"致良知"之学，而后别开生面，引领江右心学一代宗风。作为一代理学大儒，每到一地，李材无不聚徒讲学，传播"止修"学说。他认为，学者一切务必以"修身为本"，甚至说"古之欲明明德至修身为本，何谓也？盖详数事物各分先后，而本归于修身也。本在此，止在此矣"。修身的"命脉"只是一个"善"，"诀窍"只是一个"止"，领悟了这个玄机，方能"止真有入窍，善真有谛当"。中国传统儒家思想一贯主张"修身"，要求择善而从，博学于文，约之以礼。

端溪书院在清朝康熙年间由总督赵宏灿复建，纳入官方控制系统。书院教学主要为程朱理学、陆王心学等，同时也学习致用之学，目的是培养科举人才。尤其是在清代，书院的管理被纳入朝廷的严密管控之下，书院培养什么人，怎么培养人都不是书院能够自行决定的。乾隆九年（1744年），朝廷就统一颁行天下，规定了书院的教学内容。在整个社会大环境不变的情况下，一些书院的山长也通过自己的治学经验和人格魅力引导学生学习包括经史之学在内的一些致用之学，不能为了科举限定了自己的学习范围。

3．书院的生徒管理

明朝嘉靖四十三年（1564年）两广总督吴桂芳奏请朝廷将总

督府从广西梧州迁往肇庆，从此两广总督驻节肇庆至清朝乾隆十一年（1746年），共180多年。"肇庆毗接省垣，南控高廉雷琼，西扼浔梧桂林，旧广东、广西总督驻节之所，两粤人文所交会，故有端溪书院。"① 毫不讳言地讲，端溪书院的发展同肇庆作为两广总督府的地位是分不开的。

作为一所省级书院，端溪书院可以招收两广学子。书院有一定的学额，分为正课、外课和附课三种，每课又分为生监、生童两级。端溪书院之初设正课生童120名，后改为正课生监60名、生童20名，附课生监160名、生童80名，共320名。按规定，书院每年招考一次，考试之后，书院会根据考试成绩来奖励成绩优异者。

端溪书院属于官办性质，而且位于总督驻节之地，因此端溪书院有官课和师课。"凡甄别有名者，自来年正月至十一月，期以二十八日，督抚、藩臬②、运粮、肇阳罗道，次第轮课，为官课。"③ 二月至十一月之初三和十八日为师课。光绪十三年（1887年）张之洞就任两广总督，裁撤藩臬、运粮四课，自正月至十一月改由督抚、肇阳罗道、肇庆府递月轮课。师课由山长每年二月定期授课，监院禀请道府到书院启馆，山长率领诸生诣景贤阁全祖望祠行礼，启馆后诸生依次谒见山长。官课师课均为一文一诗，全祖望做山长时在师课外增加古文策问诗赋表论，后只在冬季课诗赋。梁鼎芬和朱一新做山长时每课均兼课经古各艺。林绍年时改为每月初三日课诗文、十八日课经古，并成为定制。

官课生监超等原额18名，文童、上取原额皆5名，光绪十三

---

① 参见清宣统时期《高要县志》第十二卷。

② 藩臬，即藩司和臬司。明清两代布政使和按察使的合称。

③ 赵敬襄，傅维森. 端溪书院志［M］. 赵克生，宋继刚，点校. 长沙：岳麓书社，2015：12.

年（1887 年）总督张之洞增定官课超等 24 名，上取 10 名。光绪二十四年（1898 年）五月复增定师课超等 24 名，上取 10 名；超等之次为特等，无定额，余为一等上取之，次为中取，无定额；余为次取，劣者不列。正课生童有膏火有饭食，附课生童仅有饭食。旧例，课期登堂列坐按名给食，旷课则没有。光绪十三年（1887 年）以前附课仅应官课来院执赞，后改为允许兼应师课。光绪十三年（1887 年）张之洞、梁鼎芬改定章程，由黄江厂（税务机构）代为支取生童赞仪、节仪，增支监院薪水，加给役食。无论正课附课，生童皆许应官课师课。①

官课师课超上等皆有奖赏：官课特等奖 5 名、中取奖前 3 名；师课特等奖 10 名，中取奖 10 名。旧例，官课取列等地、名数按照定额发榜，……易生流弊。因此光绪二十四年（1898 年）五月规定遇有不足额者按额按名各给半奖，其余半奖拨入师课，加给前列，第 6 名至 10 名各三钱，特等 15 名各二钱。童列上取 5 名，首名奖银七钱，第 2 名 3 名各四钱，第 4 名 5 名各三钱；中取 10 名各二钱，每课除奖十两六钱外，还发给书办为纸笔费。闰月停课，闰月利息一并归十一月加奖超等，首名加一两，第 2 名 3 名各加五钱，第 4 名至 10 名各加三钱，特等 15 名各加一钱五分。上取首名加五钱，第 2 名至 5 名各加三钱，中取 10 名各加一钱五分。②

端溪书院招收两广地区子弟，有些生徒走读，但大部分生徒需要住宿。按惯例，书院扃试不会持续到掌灯之后，由于多有生徒住在书院外，因此允许携带考卷回家，次日交卷。由于积弊甚

---

① 赵敬襄，傅维森. 端溪书院志 [M]. 赵克生，宋继刚，点校. 长沙：岳麓书社，2015：13.

② 赵敬襄，傅维森. 端溪书院志 [M]. 赵克生，宋继刚，点校. 长沙：岳麓书社，2015：14.

多，张之洞任两广总督时想改变现状，但收效甚微。为了维持书院秩序，书院要求严格住宿制度。时任山长的梁鼎芬因此制定了严格的住院章程。如有：

（1）凡正课、附课生徒，皆可住院，惟必要院长择取，不得自行迁入。

（2）各生徒清晨即起，二鼓后即睡，起居有常，方能读书。

（3）各生徒如以事他出，务当向监院门首写号注明。不遵者，革课出院。

（4）各生徒禁止夜出。不遵者，革课出院。

（5）各生徒不得短衣赤足，群立房门，既玷斯文，尤乖礼法，不遵者，记大过一次，至三次，革课出院。①

三、端溪书院的财政管理

1. 书院的收入

雍正十一年（1733 年）上谕"朕临御以来，时时以教育人才为念。但稔闻书院之设，实有裨益者少，浮慕虚名者多，是以未曾敕令各省通行。盖欲徐徐有待而后颁谕旨也。近见各省大吏，渐知崇尚实政，不事沽名钓誉之为。而读书应举之人，亦颇能屏去浮华奔竞之习。则建立书院，择一省文行兼优之士，读书其中，使之朝夕讲诵，整躬励行，有所成就。俾远近士子，亲感奋发，亦兴贤育才之一道也。督抚驻扎之所，为省会之地。着该督抚商酌举行，各赐帑金一千两，将来士子群聚读书，豫为筹划，资其膏火，以垂永久。其不足者，在于存公银内支用。封疆大臣等，并有化导士子之职。各宜殚心奉行，黜浮崇实，以储国家菁莪棫朴之化。如此，则书院之设，有裨益于士习风而无流弊。乃

---

① 邓洪波. 中国书院章程［M］. 长沙：湖南大学出版社，2000：228-229.

朕之所厚望也。"① 雍正皇帝在这份上谕中明确指出各地要创建省级书院，端溪书院由于在总督驻节之地，属于省级书院，因此在受助之列，端溪书院获得朝廷拨款的意义重大，地方政府秉承皇帝旨意，对端溪书院的发展不遗余力，由此书院的经费是充足的。

雍正皇帝此次拨款一千两，年利息有二百四十两，闰年增加二十两。后总督郝玉麟又拨款二千两发商生息，每年可得利息四百八十两，闰年增加四十两，由肇庆府到盐运司领取。乾隆九年（1744 年）奉拨每年银二百七十两，由盐运司拨给。同治十二年（1873 年）知府瑞昌捐银一千两，年得利息一百二十两，闰年得一百三十两。光绪十年（1884 年）知府绍荣每月加捐养廉银十九两二钱做加奖。光绪十三年（1887 年）总督张之洞令开采端砚，商人何昆玉缴银二千两归书院，十四年（1888 年）知府捐银三百五十六两三钱二分发押生息拨充端溪书院。

另外，书院的岁收大部分靠固定地租。历年奉拨高要、四会、阳春、恩平、广宁、德庆、罗定等处田地租额共计银一千一百六十两七钱七分八厘，恩平县于嘉庆二十四年（1819 年）新增田租十七两六钱八分六厘五毫，另外还有其他一些田租收入，共计二千三百一十七两六钱零三厘，均解送到府充端溪书院之用。

综上所述，书院经费收入主要来自官府奉旨拨款、肇庆府下辖州县奉拨的田地租金、官员个人捐款以及砚商缴银等。

2. 书院的开支

经费支出则包括山长、监院以及职事人员的薪资、生徒膏火与奖励和行政后勤费用三大项。光绪十三年（1887 年），张之洞更定章程，书院按照支出预算直接向黄江厂领取。此后，书院经

---

① 赵敬襄，傅维森. 端溪书院志 [M]. 赵克生，宋继刚，点校. 长沙：岳麓书社，2015：40.

费充足，有时还出现余款，则用于《端溪丛书》的刊刻等。书院的开支浩大，实际每年的支出大概为四千五百两。

四、端溪书院学生日常管理

1. 品德教育与行为管理

书院学规除了表达书院的办学理念之外还规定了学生的日常行为规范。书院的学生读的是圣人之书，习的是孔孟之道，在言行举止、待人接物等方面必须符合一个圣门学子的形象和身份。书院的学规是对生徒的外部规范，但书院更多是通过品德的教育来约束学生，真正做到内化于心，外化于行。书院的一草一木，建筑布局无不潜移默化地影响着学生，还有诸多山长人品贵重，身教甚于言传，不断增强学生的内驱力，激励一代又一代的学子发愤图强，立志读书。像端溪书院的著名山长全祖望和冯敏昌都高度重视学生个人修养的培养。端溪书院培养学生的方式首先是德育，然后才是智育。将孝、忠、廉、节等道德规范纳入学规，将中华民族传统美德与理学教育所倡导的道德规范融为一体。而关于学习的条文，虽是以学习态度和方法为主，但也是对学生如何做人、如何处世的生动的品格教育。

1887 年山长梁鼎芬订立《端溪书院章程》，对学生的品行操守等方面做了详细的规定。主要内容如："凡吸洋烟者，不得与考，查出驱逐。""生徒未曾谒见，不准应课，以杜假冒。""凡应课抄录蓝本者，请人枪替者，第一次由正课生降附课生，第二次扣除。""凡应课生徒，路遇师长，皆旁立稍待，不得疾趋。"[①]

2. 自我管理与教师引导

我国古代书院有一个很鲜明的特点，那就是学生的自我管

---

① 邓洪波. 中国书院章程［M］. 长沙：湖南大学出版社，2000：227.

理。一个书院包括山长、监院等在内并没有多少管理人员。不管是教学还是日常管理方面很大程度上都是靠学生的自我管理来完成的。对学生设置负责人来进行管理，或者老生管理新生也是一个常用的手段。

学生严格按照书院的学规要求自己，不断涵养自己的品性，清静读书，不断提高自己的学业水平。教师在学生的管理方面有管理但不包办，比如山长也不是每天都开讲，一般是半个月或者一个月一次。更多的是用进度表指导学生读书，然后答疑解惑。甚至通过自己的榜样作用，去影响学生。所以一所书院山长学术水平、道德水准的高低可以决定书院的兴废盛衰。

第三节　学术教育传统特点

一、学术传统特点

岭南地区第一所书院是创建于北宋建隆三年（962年）的南雄孔林书院，但地位最高、规模最大、影响力最大的当属两广端溪书院。

端溪书院在明清时期的岭南教育中占据着重要地位。主要有以下几点原因：一、地位高，它是两广地区最高学府，可以择优录取广东广西的生源。二、受重视程度高，从嘉靖四十三年（1564年）到乾隆十一年（1746年）的182年间，肇庆一直作为两广总督的驻节之地，是岭南的政治文化中心。雍正皇帝曾钦赐端溪书院办学经费，广东获得拨款的书院只有两家。总督、知府等各级官吏更是竭力支持端溪书院的发展，甚至亲往授课。三、书院山长均学高为范，声名卓著。曾担任清华校长的梅贻琦先生，曾说"所谓大学者，非谓有大楼之谓也，有大师之谓也"，可谓一语中的。

端溪书院中开辟有专门的祭祀场所景贤阁。阁上中祀孔子，左右配以先贤周子、朱子，东西两庑，左边祭祀陈献章、李材、陈秉常、张东所、谢天赐、陈尧山、卢冠岩、叶石洞、唐曙台、罗元山，右边祭祀黄泰泉、杨复所、湛甘泉、林绅熙、伍光宇、李抱真、庞弼唐、薛侃、丘浚、区孝先。左右各设有一个总牌，各书十人名号，以中为尊。

端溪书院祭祀的先贤籍贯大多为广东，在思想流派方面都属于心学，都与王阳明有或多或少的联系。历代山长都对祭祀非常重视，所祭祀的先贤大体保持不变。像有些对书院有特殊贡献的先贤会受到特殊的待遇，端溪书院为李材先生所创，因此在西楹设特座祭祀，中楹为谢山祠，专门祭祀著名山长全祖望。春秋两季，山长率领诸生行释奠礼，月朔释菜，月望上香。正月初五为全先生生日，也祭祀不辍。

一所书院的精神跟创办人有莫大的关系，端溪书院创办人李材的思想深刻地影响着书院的发展走向。1573 年李材创办书院，这一年他 44 岁。书院就在官署的旁边，这样便于他在处理政务之余能向追随的生徒们进行及时的讲解。

李材是江西人，江西自古是人杰地灵的地方。嘉靖四十一年（1562 年）33 岁的李材考中进士，开始步入仕途，跟父亲李遂一样，开启了一生为大明王朝效力的征程。但相比父亲于嘉靖五年（1526 年）22 岁进士及第还是晚了十多年。李遂博学多识，长于用兵，李材后来扫平了广东沿海倭寇，父子两代文人领兵成就了一番功业，这也是家门之幸。但似乎父亲的仕途要来得坦荡些，官至南京兵部尚书。或许两人的旨趣不同，李材更加纯粹些，他心中的梦就是读书立说，教书育人。

考中进士的李材被朝廷授予刑部主事，相当于现在部委司局级官员了。在刑部主事任上的李材与诸多新任官员一起聚会讲学，好在主政者也没在意，因此李材没有受到政治上的打击。

让人意想不到的是李材居然告假返乡了，理由是学业未成，是任性使然，还是沽名钓誉？都不是，或许是因为嘉靖末期扑朔迷离的朝局促使了他下定决心返乡。李材曾向邹守益问学，此人与李遂是莫逆之交。邹守益是一位少年英才，17岁时，中江西乡试，明正德六年（1511年）参加会试，所做文章打动了身为考官的王守仁，拔擢为第一名会元，参加殿试荣登三甲拔得探花，入翰林院供职。邹守益服膺阳明之学，成为王守仁的高足与良友，这样算起来李材还是阳明先生的再传弟子。李遂不仅与邹守益往来密切，而且与阳明派的后学交往甚多，并一起唱酬讲会。李材就是在这样一个学术氛围浓厚的家庭中长大的。

回到家的李材读书自娱，思考人生，思考社会矛盾解决之道。问学于阳明后学高足钱德洪、王畿等，主持参与家乡丰城的讲学活动。李材年轻时曾跟着邹守益学习阳明先生致良知之学。后进一步钻研得出自己的见解，尽在"止修"二字，以为得孔、曾之真传。"止修者，谓性自人生而静以上，此至善也。发之而为恻隐，四端有善，便有不善。知便是流动之物，都向已发边去，以此为致，则日远于人生而静以上之体。摄知归止，止于人生而静以上之体也。然天命之真，即在人视听言动之间，即所谓身也。若刻刻能止，则视听言动各当其则，不言修而修在其中矣。"[1] 这是《明儒学案》中的一段话，大致意思是以"摄知归止"即"知止"为原则，以修身为目的，是为"止修"。止即止于"至善"，"知止"是言行尺度、是非标准。以"知止"为原

---

① 参见黄宗羲《明儒学案》卷三十一。

则，以修身为目的，为归宿，以达到个人的目的。笔者认为李材的观点和阳明先生相差无几，却有其个人发挥之处，有自己独到的见解。

自本土宗师陈献章之后，心学的影响力空前增强。粤派学术大放光彩，独开门户。陈献章的白沙学派开创并引领了岭南独有的学术风潮。岭南地区靠海而生，视野开放，方便吸收外来知识，最终形成以道德修养为本，积极关注国运民生的经世致用理念。

端溪书院不断地传承着这种积极进取的德行观，从创始人李材的"止修"到清代全祖望的"经明行修"，再到山长冯敏昌的"畜德为先""敦本力行"，山长林召棠的"修身践言，读书经世"，可谓返本开新，一以贯之。书院在教学上注重经史教育也是这种学术思想的具体实践。

二、教育传统特点

1. 官学色彩浓厚

（1）严格山长聘任制度

山长为古代书院之主讲兼总院务者，既是书院的管理者，也是书院的主讲人。山长的水平，直接影响着书院的发展。山长的学术思想也深刻影响着书院的学术走向。端溪书院的山长史籍可考的有 34 位，就山长的经历来看，他们中大多数有功名在身，或有任官经历，具有浓厚的官方背景，学术功底扎实。具有进士功名的有 28 人，约占山长总人数的 82%。而且山长们大多是名列二甲以上，他们中更有探花山长张岳崧、状元山长林召棠，师资力量非常强。由此可见，端溪书院的山长选拔倾向于有功名在身的人。端溪书院的恢复得益于朝廷文化教育政策的转变，山长的官学出身充分体现了朝廷的这种观念。

雍正朝，清廷对书院的政策转为积极，雍正十一年（1733年）曾在上谕明确指出各地要创建省级书院，并对一些省会书院进行支持。端溪书院由于是在总督驻节之地，因此在受助之列，在两广地区的地位无出其右。两广督抚以及各级官员更加重视，多次扩建修葺。乾隆朝，清廷更加坚定了大力发展书院的决心，明确了书院官学化的办学方向，因此在对山长的选聘上更加慎重。乾隆元年（1736年）上谕：凡书院之长，必选经明行修、足为多士模范者，以礼聘请，不分本省邻省已仕未仕。两广督抚在端溪书院山长的选聘上不局限于籍贯。在可考的山长中，有多位来自外省。尤其是聘请到了像全祖望这样的当世大儒，虽全祖望执教端溪书院的时间不长，但对书院的影响是深远的。

（2）坚守儒家主体

书院最初诞生于宫廷，是朝廷的修书和藏书之地，并没有讲学的功能。但随着经济和社会的发展，书院转向民间发展，职能更多的是教书育人。特别是随着宋代以来理学思想兴盛，理学大师们出于思想传承的需要，为重振儒学，利用书院讲学，教授弟子。宋代科举考试制度逐渐完善，很多书院也开始讲授科举考试等内容，吸引了很多的学子。明清以来书院的发展越来越扎根于儒家思想的继承和发展，虽然思想流派众多，但大体窠臼，主要是讲授儒家思想。统治者也看到了书院的重要性，即在人才选拔和思想控制等方面有着不可替代的作用。尤其是清代，对书院的开办和讲学官府都有严格的控制，力图将书院掌握在朝廷手中。因此书院的讲授内容大体都是以儒家思想内容为主。

端溪书院在清朝康熙年间由总督赵宏灿复建，纳入官方控制系统。书院的教学主要是讲授儒家经典，读圣人经典，同时也将德育教育包含在课程体系之中。书院不断用祭祀先师或者重要山长的形式来强化思想上的传承，具体的教学内容包括程朱理学、陆王心学、文史之学、古文经学，开设了包括儒家经典在内的四书五经、历史、古文等课程，但同时讲习经世致用之学。

清代中期书院受朝廷管控的程度加深，朝廷或当地官员颁布文书规定书院学习经史之学。乾隆九年（1744 年），由部议准通行各地省会书院的教学内容："嗣后书院肄业士子，令院长择其资禀优异者，将经学、史学、治术诸书留心讲贯，以其余力兼及对偶声律之学。其资质强者，且令先工八股、穷究专经，然后徐及余经，以及史学、治术、对偶、声律。至每月课试，仍以八股为主，或论或策或表或判，听酌量兼试，能兼长者酌赏，以示鼓励。再各省学宫陆续颁到圣祖仁皇帝钦定《易》《书》《诗》《春秋传说汇纂》及《性理精义》《通鉴纲目》《御纂三礼》诸书，各书院院长自可恭请讲解。至《三通》等书，未经备办者，饬督抚行令司道各员，于公用内酌量置办，以资诸生诵读。"[1]

总体来说明清以来书院官学化色彩相当浓厚，端溪书院也不例外，统治者希望书院为朝廷培养人才，八股取士是当时无法改变的考试手段，因此书院在教学内容上不可能违背朝廷的方针，同时书院如果不讲授与应举有关的东西也是很难吸引到学生和很难得到长期发展的。但还是有一些具有深邃历史眼光的教育家从长远出发，挑起时代发展的重担，在教授八股之学的同时，教授致用之学，不断为书院教育注入新的活力。

2. 注重品德教化

书院代表着一种文化、一种品位、一种精神、一种气质。当

---

① 沈云龙. 钦定学政全书·书院事例［C］//近代中国史料丛刊：第30辑. 台北：文海出版社，1974：1528.

代学校应该努力继承古代书院精神，成为研究与传承儒家文化的机构、培育中华文化基因的空间、弘扬中华民族优秀传统文化的道场，成为中华文化创造性转化和创新性发展的重要阵地。古代书院"育德为先"的教育理念与"传道济民"的教育宗旨，是当代教育首先应该继承的；学养深厚的大儒是决定书院办院理念与高度的重要因素，书院山长、教师，以自身学养和人格魅力影响着每一位生徒，这是传统书院最为珍贵的财富。

端溪书院重才学，更重品节，历任山长中多忠介、耿直之士。如苏廷魁在御史任上直言敢谏弹劾权臣穆章阿，林绍年谏阻慈禧动用海军经费修葺颐和园，梁鼎芬弹劾李鸿章六大可杀之罪，朱一新在陕西道监察御史任上弹劾李莲英。端溪人这种以身许国、抱道忤时和忠言敢谏的高贵品格获得了后人的由衷称赞。端溪书院的山长们学问、人品、魅力名重一时，光耀千秋。山长们的个人品德也潜移默化地影响着端溪学子。

"止修"学说由端溪书院的创始人李材提出。李材年轻时曾跟着邹守益学习阳明先生致良知之学，后进一步钻研并得出自己的见解。"止修"二字，大致意思是以"知止"为原则，以"修身"为目的。李材为官多地，创建的书院也有数十所之多，公务之余向弟子传授思想，在肇庆任职期间其弟子之中也不乏在任官员，颇具影响。

"经明行修"意思是指通晓经学，品德端正，出自东汉班固《汉书·王吉传》。全祖望提出这样的教育思想有着深刻的时代背景。他曾经任教于绍兴蕺山书院和两广端溪书院，清代的书院基本上都是官办书院，很多人入书院读书是为进身，谋取一朝高中。文网严密的清代科举考试的形式是八股取士，难以培养真正的人才。全祖望引导学生要勤读经史即明经，学为人之道就是行修。主张治经史以致用，倡导致用之学。全祖望通过自己的教育实践培养人才，对学术风气也产生了深远影响。

冯敏昌曾是端溪书院的学生，后出任山长。"今夫书院之设，所以育才，尤以蓄德为先。""士苟有才无德，则亦无足观矣。"故，书院教育不但要重视生徒的品德，还要重视教师的品德。所谓的"敦本力行"即是重视人师的示范作用。冯敏昌明确"人师"的垂范教育意义，即以自己的行为去影响、感染学生，反对空谈，注重实践、亲身示范。

林召棠任教端溪书院长达15年，是古代广东九大状元之一。"修身践言，谓之善行。行修言道，礼之质也"出自《礼记·曲礼》。林召棠重视教育，他认为"政治本于育才"，而办好学校、搞好教育实为"致治之首务"，因此他提出了正确培养和选拔人才的标准，那就是"修身践言，读书经世，他日处为端士，出为良臣"。

端溪书院传承了这种积极进取的德行观，从明朝李材的"止修"到清朝全祖望的"经明行修"，再到后来冯敏昌的"蓄德为先""敦本力行"，林召棠的"修身践言，读书经世"。端溪书院通过传授儒学知识学习圣人高尚品德，历代山长自身人品的带动榜样，督促学子们努力学习，涵养品德。品德的教育不仅仅在于书本知识和山长的言传身教，还有无声的教育，那就是书院的教育方法和仪式。

3．章程学规严明

书院培养学子首先在于德，立德树人成为永恒不变的精神内核。端溪书院自李材创建以来培养了一代又一代的学子，开肇庆乃全岭南教育的先河。端溪书院的学规现在看来仍有很强的现实教育意义。

乾隆十七年（1752年），一代史学大师全祖望接受了时任广东巡抚苏昌的聘请，出任端溪书院山长一职。全祖望到任后，不顾病体，力求有所作为。经过一番深思熟虑后，全祖望制定了新的学规。虽然只有四条，但是内容丰富。

首先是教学目标，即学规第一条"正趋向"，告诫学子学习为了什么？彼时朝廷重视教育，地方大员修葺书院充实书籍，目的何在？难道学子们就是为了科举考试博取功名吗？进书院读书考科举不是唯一的目的，学子们应该以圣贤为榜样。岭南地区自古圣贤辈出，"白沙、才伯、南川、甘泉、弼唐、中离、曙台诸先生，学统迢遥，弓裘不替，而邱文庄、梁文康、海忠介、陈文忠并以勋业风节，起而翊之。"[①] 学子们应该以先辈为榜样，虽不能人人成圣贤，但也不可做庸俗之人。

清代沿袭明代实行八股取士，加之思想控制极其严格，大兴文字狱，株连甚广，书院培养的人才以八股学习为正途，但此种人才难堪大用。全祖望首要告诫学子为学的目的是什么？即要有广阔的视野和高远的人生目标。端溪书院藏书众多，不下万卷，这些都是学子们的及时之需。如能通达，做个博学多才之士，此生无憾。但社会风气不然，诸生沉溺于帖括之学。今后要博通经史之学，不能读完《十三经注疏》《通志堂九经解》，至少要熟读四书五经，不能通晓《廿三史》，也要详观《资治通鉴纲目》《文献通考》，不能遍览诸儒之语录讲义，也要研究《性理大全》。

全祖望所制定学规第二条、三条还明确规定"励课程""习词章"，诸生分别选课，每日学习，遇到疑问，拈签以问。每人各置一考课册，填写所业于其中，掌教五日一升堂，答疑解惑。

① 赵敬襄，傅维森. 端溪书院志［M］. 赵克生，宋继刚，点校. 长沙：岳麓书社，2015：41.

务必有所启发，诸生学问有成，不必作寻常庸劣之帖括也。封建社会科举取士，科举考试就是一根指挥棒，天下士子趋之若鹜。唐太宗曾经大喜过望，戏言天下英雄入吾彀中矣。明清时期八股文更是严重禁锢了读书人的思想。求取功名以帖括为主，诸生汲汲于此，全祖望也无力扭转局面。但他仍然告诫学子要通读经史，学习词章。科举考试不仅仅是考试背诵，"二场之表以观其骈体，论以观其散体，判以观其律令之学，三场之策以观其时务"。就算点了翰林，也有馆课之诗赋。诸生要听掌教之语，首先需通明经史性理，其于表、论、判、策，已非所难。八家文集及朱子文集，不可不读也，亦须时时习之。端溪书院按过去惯例只有二课，止及帖括。今增加一课，各具策问、诗赋、表论诸题，诸生可以自己选课，为学优秀者掌教当有奖励。学习经史词章与帖括之学看似不相干，实则相通，经史词章有利于举业，科举考试不仅考时文，也考词章。朝考、散馆等考试均有词章。

全祖望所制定学规第四条"戒习气"，即书院诸生必须谨守礼教。首先关于考试制度，须改变往日之陋习。考试当日在公堂列坐，不得回到馆舍，杜绝抄袭舞弊，而且考试必须限期完成，不得第二天交卷。"今念诸生因循已久，姑稍宽之，每试自未牌即升堂，亲自监收，许诸生以上更为度。"[①] 如果上更已过再交卷，掌教则不予批阅，三次犯规将逐出书院。考试是检验学习效果的手段，务必要有真学问。端溪书院按照规定每次考课之后不分等级均有相应的奖励，制度不严势必积弊丛生，全祖望到任后很快就找到了个中的症结所在，并对症下药。

所有学生严格考勤，告假、销假，自有册籍。学生如果有外

---

① 赵敬襄，傅维森. 端溪书院志 [M]. 赵克生，宋继刚，点校. 长沙：岳麓书社，2015：42.

出，掌教不会无端阻碍，但是必须禀报，不得随意任性。关于师生关系，全祖望提到掌教之俸禄乃衙门资给，诸生馈赠礼物本无伤大雅，但人心不古，广受诟病，为此规定不得馈赠掌教。若诸生奋发有为，那就是对老师最好的馈赠。学生之间相处最是开心，但"当戒浇漓，消嫉妒，相接以虚衷，相勉以古道，相期以远大之业。……其或造言生事，分门结党，饮酒狎邪，试艺则代请传递，种种疵谬，以致斥逐谴责"。①

明朝建立，理学依然是正统思想，虽有心学的冲击，但是依然占领着思想的高地。明朝败亡，政权被清朝取代，这对汉族知识分子刺激很大。明清之际的顾炎武等一大批思想家再次深刻感受到了理学带来的弊端，于是倡导经世致用之学。八股取士将读书人的思想禁锢于帖括之学，全祖望通过自己的教育实践培养通达致用之才，虽然执掌端溪书院的时间不长，但是从其所立学规来看可谓循循善诱，尽心尽力，不愧为教育大家。

冯敏昌执教各书院，也首推德化教育。他认为："士人读书，先宜洗心向善，敦本力行，以为四民之表率。"为了改变学生思想，树立良好的学风，他制定了《端溪书院学规》，提出"正学宜先讲，志向宜先立，品行宜先敦，义利宜先辨，礼仪宜先习，五经宜背诵，书理宜疏通，文体宜先正，诗赋宜究心，书艺宜得功，诗学宜兼及，训诂宜先通，课程宜各立，应课宜自勉，出入宜节少，是非宜力戒"等十六条学规。其中把德育摆在首位，以德育统率智育。

4. 强调学贵自得

书院有自己的藏书，学生可以随时查阅。学生们发现疑问然

---

① 赵敬襄，傅维森. 端溪书院志 [M]. 赵克生，宋继刚，点校. 长沙：岳麓书社，2015：43.

后向老师提出疑问，老师加以引导。胡适、钱穆等人极力推崇书院教学。生徒在自学阶段通过阅读文本、查阅资料，不仅能够解决一部分问题，还可能于无疑处生疑，产生新的问题，这是独立思考的价值。但是要进一步提高就需要齐聚讲堂，质疑思辨。

"默坐少顷，院长先捧晦翁先生院规、象山先生喻义利章，或朗诵一过，或讨论一番，在座者肃然倾听。复少顷，师友各随己意，以六经疑义互相问难。"[①] 师生之间讲论答疑、问难论辩以达到教学相长，学问精进。学生可以随时提出问题，或由教师回答，或由师生讨论。学生读书重在自己理解，教师针对学生的难点或疑点进行讲解，所以书院教学中十分强调学生读书要善于提出疑难点，鼓励学生问难论辩。朱熹认为读书须有疑，"疑渐渐解，以致融会贯通，都无所疑，方始是学"[②]。

5. 科举致用并重

由于受到整个社会风气的影响，端溪书院的学风发生了重要转变，书院变成了注重课艺、应付科举考试的场所。肄业生徒主要以"四书文"为练习对象，孜孜矻矻从事于帖括制艺之学，意在求功名富贵，掌教的主要工作也仅在于点评生徒试卷。

乾隆十七年（1752 年）著名学者全祖望任山长时，对此深感忧虑，其《帖经小课题辞》曰："粤中，白沙、泰泉诸先生讲学之地也。诸生勤勤从事于文，非先正之所望也。"[③] 因此，他试图"稍以经史之学导之"。

全祖望在广东端溪书院的课程要求就体现了这一思想。乾隆

---

① 赵所生，薛正兴. 中国历代书院志：第 10 册 [M]. 南京：江苏教育出版社，1995：112.

② 沈灌群，毛礼锐. 中国教育家评传：第 2 卷 [M]. 上海：上海教育出版社，1989：259.

③ 赵敬襄，傅维森. 端溪书院志 [M]. 赵克生，宋继刚，点校. 长沙：岳麓书社，2015：17.

十七年（1752年），全祖望主掌端溪书院，立讲堂条约，专门有"励课程"一节。他要求学生："自今以始，愿诸生分曹定课，日有章程，其有疑义，拈签以问。每人各置一考课册，填写所业于其中，掌教五日一升堂，或墨或复讲，其必能启发神智，荟萃古今，从此更上一层。"① 学生根据科举考试要求来确定所读之书，并规定每天的读书任务和进程。具体做法就是要求每人置一考课册，将每日的读书内容填写其中。掌教五日一巡，通过默写或复讲来检查学生考课册里所记录的对学习内容的掌握程度。

冯敏昌对课程的安排体现了他想要扭转书院学风的思想。嘉庆四年（1799年），冯敏昌主掌广东肇庆端溪书院时强调："学人无课程，观诵皆无实功，教者虽欲抽背抽覆，亦无从施手。此在学人固为自便，而在教者，转觉难安。故课程之立，为认真读书者所最不可少。"② 就是说，学生的读书如果没有一定的计划，老师的督促和检查也就无从着手。所以他说："盖课程立，则日有定业不得荒。"这里明确指出了所谓课程就是学生读书之规程。至于考课册的具体操作，冯敏昌要求："今拟诸生人各立一册，册前各占温何经，而册中每页首行先列日月，次行低一格平列清晨、饭后、午间、灯下四候，于四候之下双行，开写所读之经某篇某节，温读几十遍，或读何书，看何书以及读文、读诗、学字之类皆然。十日之内，院长示期查阅，抽背抽覆无实者，必加斥责。"③

全祖望、冯敏昌的做法就是清代书院课程设置的一般做法。

①　赵敬襄，傅维森.端溪书院志［M］.赵克生，宋继刚，点校.长沙：岳麓书社，2015：41.

②　赵敬襄，傅维森.端溪书院志［M］.赵克生，宋继刚，点校.长沙：岳麓书社，2015：30.

③　刘伯骥.广东书院制度沿革［M］.北京：商务印书馆，1939：380.

其特征是要求学生依据科举考试的需要设立考课册，在考课册上分读经、读文、读诗、学字几项，记录每天的学习进度，老师对考课册中所记录的学习内容进行定期检查，或抽背经书，或诘问意义。这个课程旨意完全是要求学生围绕着应试科举的目标而进行学习，以锻炼学生的科举才能。

从理论上讲，八股文的写作应该是在深入研读四书五经的基础上才可能成功。但时文之操练一旦与猎取功名挂上钩，便成为沽名钓誉之具。"今天下山长所以教士者，津津焉于科举文章，揣摩得失，剽窃影响，而罕有反而求之于实学者。"① 由于各类场屋之范文刻本充斥坊间，士子务求捷得，便舍去读书之功夫，模拟范文，揣摩剿袭，窃取他人之文记之。逢书院月课之日，无非是将所背诵之文，抄誊一遍，便可交卷。更有甚者，由于"本经之中，场屋可出之题，不过数十"，故不少"富家巨族延请名士馆于家塾，将此数十题各撰一篇，计篇酬价，令其子弟及童奴之俊慧者记诵熟习，入场命题十符八九，即以所记之文抄誊上卷"。如此便捷之径，何须每日课程之辛劳。专课时文之书院则视课程设置为具文，仅以月课为唯一教学活动。

全祖望在端溪书院也遭遇了同样的情况。全祖望，浙江鄞县人，乾隆进士，为庶吉士。他主掌端溪书院，不希望生徒仅仅是为了科举而读书，他说："粤中远在峤南，不远五千里，延掌教以莅之，所望于诸生者甚重，固不仅区区章句之学，博一科举而已也。"② 他对当时士子沉溺于帖括之学深恶痛绝，他说："掌教固不敢薄待诸生，然谅近来士习，沉溺于帖括之学，未必留心及

① 盛康. 皇朝经世文续编：卷 65 ［M］，台北：文海出版社，1979：394.
② 赵敬襄，傅维森. 端溪书院志 ［M］. 赵克生，宋继刚，点校. 长沙：岳麓书社，2015：41.

此也。夫学问岂在帖括？然即以帖括言，亦非读书不工。诸生即未能遽读《十三经注疏》《通志堂九经解》，然于《五经四书大全》，其曾熟复乎？即未能遽窥《廿三史》，然于《资治通鉴纲目》《文献通考》，其曾详观乎？即未能遍览诸儒之语录讲义，然于《性理大全》，其曾研究乎？"①

他希望学生即使是为应试科举，也要笃实读书，扎实钻研，所以他要求学生能严立课程，全盘规划读书规程，"读尽诸书，不仅以帖括之士终，而亦必不为寻常庸劣之帖括也。掌教其待大叩小叩之至而应之"。但全祖望的希望全盘落空，他在端溪书院待了一年有余便因病辞归，据说他还为此写了两句诗："一年鼓动终无术，因病逃闲也见机。"张之洞督粤，他看到端溪书院原为总督课士之所，自督署移广州，不复亲临考校，惟以山长主之，其气势日渐衰颓。光绪十三年（1887年）三月，张之洞聘梁鼎芬主讲端溪书院，期望其能对书院进行切实的整顿。

梁鼎芬到达端溪后，对书院各项规章进行了重新厘定。他特别对教学纪律进行了整顿，对生徒每天的学习严格要求，考试也必须限期完成，严防作弊。但是积重难返，收效甚微。次年广雅书院落成，张之洞委派梁鼎芬任山长，"文忠率端溪经古诸生移居省城，其专课时文者仍留端溪"。所带走的经古诸生乃是每日需要下读书功夫者，专课时文者仍留端溪，说明梁鼎芬的课程之举又成泡影。既然书院课试于学无补，学生参加书院月课的目的便只剩一个，那就是冲着膏火之资而来。

无怪乎张之洞曾在《劝学篇》中气愤地指出："中国书院积习，误以救济寒士之地，往往专为膏火奖赏而来。本意既差，动

---

① 赵敬襄，傅维森. 端溪书院志［M］. 赵克生，宋继刚，点校. 长沙：岳麓书社，2015：41.

辄计较锱铢，忿争攻讦，颓废无志，紊乱学规，剽袭冒名，大雅扫地矣。"① 书院已经完全沦为有月试的科举考试的附庸。

　　光绪三十一年（1905 年），朝廷颁布废除科举制度谕令，全面实行近代教育，学制课程彻底得到改变，致力于大力培养实用性人才。尽管端溪书院的官办特点，在教育方针上宗旨是为朝廷培育人才，以德育为先，学生求学不可避免地以习八股文考科举为目的，但所幸历代山长眼界开阔，告诫学生不以科举为唯一目的，力学经史，博采众长，济世为民。

　　四百余年来，从两广端溪书院到肇庆府中学堂再到而今的广东肇庆中学，弦歌不绝、薪火相传。从明经行修到立德树人，从练就敦品励行之士到培养内心有光芒的学生，传承端溪书院精神的肇中人情怀未变，始终牢记使命，从不懈怠。

---

① 张之洞. 劝学篇·设学第三 [M]. 北京：华夏出版社，2002：94.

第二章

开山鼻祖李材

第一节　李材生平概述

李材（1529—1607），明代理学家。字孟诚，号见罗，江西丰城人。南京兵部尚书李遂之子。嘉靖四十一年（1562年），考取二甲第十二名进士，授刑部主事。"素从邹守益讲学。自以学未成，乞假归。访唐枢、王畿、钱德洪，与问难。"①

李　材

隆庆五年（1571年），李材由兵部郎中迁广东按察司金事，从此开始在广东建功立业的 4 年峥嵘岁月。

万历元年（1573年），李材在肇庆府学宫西侧的鼓铸局旧址即分巡岭西道署的左侧，创办端溪书院。

万历二年（1574年），都察院右金都御史、两广总督殷正茂强行停办端溪书院，改为"监军道"，李材因此事而负气，辞职离开端州。

万历十年（1582年），长期打压书院办学的张居正死后，李材重新被起用，后以才调辽东开原。不久，又调任云南洱海做参政，升为按察使，在金腾备兵并取得对缅作战胜利，以功升为右金都御史，抚治郧阳。李材抚治郧阳期间，由于云南巡按御史弹劾其破蛮冒功，被朝廷问罪，坐系十余年。

万历二十一年（1593年），李材被命驻守福建镇海卫，其友许孚远正任福建巡抚，每天与其交往，李材因此忘了羁旅之苦。

---

① 张廷玉. 明史［M］. 北京：中华书局，2000：3974.

万历三十五年（1607 年），李材戍守福建漳州十多年后，终于遇赦还乡，年七十九卒。概括说来，李材生平经历主要有如下几大重点：

一、创办书院

李材一生喜办书院，酷爱讲学。他所到之处，皆以讲学为务，即使是身在军中，依然乐此不疲。

万历元年（1573 年），李材在肇庆府学宫西侧的鼓铸局旧址即分巡岭西道署的左侧，创办端溪书院。

民国年间邑人马呈图纂修《高要县志》（宣统）云：李材"好讲学，所至辄聚生徒，辟书院。而端溪书院在郡中，总督殷正茂落其榜，遂拂衣去，学者称见罗先生。"①

此外，李材还在全国多个地方创办书院进行讲学。

隆庆年间，李材在故里创建莲槎书堂，另建吴皋清墅作为讲学之所。

万历二年（1574 年），李材倡建鼍峰书院。它是阳江历史上最早的书院，位于阳江学宫后面的鼍山西麓。

万历十一年（1583 年），李材在永昌府保山县（今云南保山）"集郡邑吏士讲于黉学，相从者众。谋筑宫而师事焉，知府陈严之、副总兵邓子龙捐俸买民居建"②。

万历十四年（1586 年），郧阳（今湖北十堰）知府沈铁增建郧山书院，但地址不够理想。其时，李材任都察院右佥都御史，抚治郧阳。他笃行讲学于书院，以为抚事之重。"遣部卒供生徒役，卒多怨。又循诸生请，改参将公署为学宫。参将米万春讽门

---

① 刘伟铿. 肇庆星湖石刻全录［M］. 广州：广东人民出版社，1986：267.
② 方国瑜. 保山县志稿［M］. 昆明：云南民族出版社，2003：367.

卒梅林等，大噪，驰入城，纵囚毁诸生庐，直趋军门，挟赏银四千，汹汹不解。"① 事闻于朝廷，令李材还籍候勘。

《明史·李材传》云，李材"系狱时，就问者不绝。至戍所，学徒益众"。

万历二十三年（1595 年），李材在福建莆田梅峰寺旁侧建梅峰学馆，且在"明宗书院"讲学多年。

史载：李材曾讲学于江西庐山的白鹿洞书院，今存有《参政李材示洞生说》，以及"东林七君子（高攀龙、周起元、黄尊素、缪昌期、周顺昌、周宗建、李应升）"之一的李应升撰于天启二年（1622 年）的《白鹿洞书院志》，均有记载。

万历二十四年（1596 年），督学使徐即登为迎接其师李材在武夷山长期寓居、讲学与著述，在九曲溪建造武夷山房。

明代史学家郭子章著《武夷山房记》云："万历中，丰城李孟诚先生被谗谤，居镇海，往来兹山，益修明朱子之学；四方朋来，屡满户外。"②

清代学者董天工撰《武夷山志》载，武夷山房"在后溪山坡上，万历二十四年（1596 年）督学徐即登建，迎其师中丞李见罗材讲学于此，亦名星村精舍"。③

李材去世后，弟子们在江西南昌的百花洲建李见罗祠奉祀，改武夷山房为见罗书院。

二、开发星岩

说起七星岩，肇庆人都不陌生。唐朝李邕一篇《端州石室

---

① 张延玉. 明史［M］. 北京：中华书局，1995：3975.
② 金银珍，凌宇. 书院·福建［M］. 上海：同济大学出版社，2010：152.
③ 董天工. 武夷山志［M］. 北京：方志出版社，2007：318.

记》让肇庆的山水名扬天下，可谓是肇庆旅游最早的推广者。但在李邕时代，七星岩称得上景点的还只限于石室岩等极少数地方，真正让七星岩初具规模并被系统开发建设还是明朝中后期的事。

而在这次系统开发建设大潮的队伍中，1571年来到肇庆任广东佥事、岭西道副使并创办端溪书院的李材又可以算是最早的一位代表。

据民国年间郡人黎汉杰纂修《星岩今志》载："唐、宋代，游人仅限于游览石室一岩。明万历元年（1573年），李材开发玉屏岩、阆风岩等景点，修道筑台，广辟洞阁。"①

其中七星岩最东面的阆风岩，与李材的关系更深，李材不仅亲自为其命名，而且留下了两方珍贵的题刻——"阆风岩"和"流霞岛"。

肇庆七星岩旅游在李材开启第一步后，随之进入一波又一波开发建设热潮。

1575年，岭南副使李开芳对七星岩接着进行开发建设。

1580年，肇庆知府王泮开始对七星岩的山峰和周围环境进行整治，包括为全部七座山岩系统命名、开辟景区环湖山路通道以及为全部七座山岩点题命名二十景等。

这股建设开发热潮，甚至一直持续到明末，以至明末时人对七星岩评价甚高，说可与"兰亭、西湖、凤台、燕矶比雄于中原"。

三、平叛剿匪

明朝中后期的两广地区特别是以罗旁山为中心的周边地区

---

① 参见黎杰《星岩今志》一书。

（亦作罗傍、罗盘，今肇庆市、云浮市、江门市部分及周边地区），位于广东西江南岸，控扼肇庆与梧州之间的水路，是两广交通的咽喉要地，是明代瑶民作乱最为严重的地区之一。明朝开国后，此地叛乱频频，剿抚不定的局面持续了两百余年。李材出任广东按察司佥事后不久，就在广东取得平叛剿匪的显赫战绩。

隆庆五年（1571年），李材因讲学受到排挤而到了肇庆，他上任之初即展开广咨询、请招兵、议募兵等施政准备工作，包括增募新兵，查编民壮，督励练兵，更置营堡等，进而以免抽商税并派兵保护的方式，鼓励商民进入罗旁东山一带的瑶区伐木开山，目的是"要令沿江树木稀少，盗贼潜伏无踪"[1]。

不仅如此，李材凭借岭西一道之力，还组织了多次出其不意的小规模围剿，并取得成效。据清道光《恩平县志》（石台主修）记载："万历元年（1573年）癸酉，兵备李材，平十三村贼，置屯耕守……屯兵恩平近地，若常成然。"

明万历元年（1573年），境内苍步（今苍城）一带，盗贼复炽，抢掠从南路过往新兴、肇庆的客商。两广总督殷正茂命令岭西兵巡道佥事李材，率兵剿盗，李材率兵剿平了苍步一带群盗。

为了此地能够长治久安，他发动民工及兵丁从山上运来石头，筑成石垣，并围以竹木，外挖深堑为池塘，建成一屯，并屯兵为营，扼守这一要地。屯子建成后，为纪念李材剿平苍步一带匪患，便命名为"开平屯"，取"开通敉平"之义。

李材离开广东一年后，万历四年（1576年）明军开始了对瑶乱的军事征服，这场由两广总督凌云翼亲率十万大军进剿罗旁瑶巢的攻坚战，虽然一直持续到万历五年（1577年）四月才基本结束，但瑶乱被基本平定。而大量的史料证明，大征罗旁之役的作

---

① 刘明强. 西学东渐在肇庆［M］. 广州：暨南大学出版社，2014：20.

战计划就出自李材之手，是李材当年两广战略的延续。

四、岭南抗倭

从嘉靖到隆庆、万历年间的四十余年里，是倭寇为害最烈的时期，史称"嘉靖大倭寇"。嘉靖四十年（1561 年）前后，江浙的御倭战事逐渐取得胜利，倭患渐次向南转移至福建、广东。流窜到广东的倭寇，与本地的海盗、山贼相结合，困扰着岭南地方社会的安定。此后的十余年间，主要为对付倭寇、海盗、山贼的战事在广东持续不断，惠、潮一带尤为激烈。

《明史》曰："倭五千攻陷电白，大掠而去。材追破之石城，设伏海口，伺其遁而歼之，夺还妇女三千余。会奸人引倭自黄山间道溃而东。材声言大军数道至以疑贼，而返故道迎击，尽杀之。又追袭雷州倭至英利，皆遁去，降贼渠许恩于阳江。"隆庆五年（1571 年）十一月，倭寇五千人攻陷电白县城。当时岭西倭患蔓延，李材"以倭情紧急，远出剿杀"，前后持续数月之久。明万历曹志遇主修的《高州府志》也详细地记载了这一事件。李材在广东沿海抗倭及此后的数年，那些扰袭东南沿海的倭寇海盗再也不敢轻易侵犯广东南部沿海，百姓安居乐业。万历二年（1574 年）七月，李材因抗倭之功擢升为申威道兵备副使，移守惠州。

五、对缅作战

万历十年（1582 年）六月张居正去世，次年（1583 年）七月，李材被重新起用为山东副使。不久，因缅甸局势紧张，李材迁云南洱海参政，进按察使。在金腾备兵。

金腾地接缅甸，孟养、蛮莫两地居其中的交接地带，两地土司时而降服，时而反叛。缅甸部落大曩长、散夺率数千人占据其地。李材认为不收服两土司就无法制服缅甸，于是派人招抚两土司归附。后发兵讨伐抗命的阿坡。

没过多久，缅甸遣兵争夺蛮莫，李材集合两土司兵力击败缅甸兵，斩杀大曩长，将散夺赶走。缅甸将领莽应里增派兵力到孟养，李材再一次击沉他们的船只，杀死其将领一人，缅甸军于是撤退。

有一个叫猛密的部落，位于缅甸境内，数次被缅甸人侵扰，于是举族内附，地方官员让他们居住在户碗。在当时，缅甸势力稍为屈服，李材后给予猛密一定资金让他们回到故土。没过多久，缅甸人驱赶象阵再次大举入侵明廷边境，孟养、蛮莫两土司城告急。

后来，李材派遣游击刘天俸率把总寇崇德等出征，渡过金沙江，与孟养兵汇合于遮浪共同迎战缅甸人。缅甸人大败，其三个将领被活捉。巡抚刘世曾、总兵官沐昌祚向朝廷奏报大捷，皇上下诏复核功劳。还未上报，李材就被提升为右佥都御史，抚治郧阳。

李材的军事才能，与李材之父前南京兵部尚书李遂不无关系。据《明史》记载，李遂（1504—1566），字邦良，号克斋，又号罗山，丰城县（今江西丰城市）人。湖茫李氏为丰城科举大族，李遂祖、父、兄弟均为进士，其子李枝、李材、侄李橡也是进士出身。李遂先后任职刑部郎中、礼部郎中、浙江衢州府同知、苏松道兵备副使、广东按察使、山东右布政使等职。后又被任命为凤阳等四府巡抚，积极抗倭。

嘉靖三十八年（1559年）四月，倭寇驾船百余艘进犯海门，李遂率众大败倭寇于姚家荡，攻下倭巢庙湾，"焚斩甚众"，江北倭患尽平。随后破崇明倭寇，以功升南京兵部侍郎，又升任南京兵部参赞尚书，致仕。卒赠太子太保，谥"襄敏"。有《奏议》十三卷存世。李材早年随父在淮扬军中参赞军务，积累了丰富的军事知识。虎父无犬子，李材的军事才能在日后的平瑶战役、抗倭战役、缅甸战役中得到充分发挥。李材著有兵书《兵政纪略》《将将纪》《经武渊源》《岭西兵政抄》等。

六、"止修"学说

李材年轻时就拜在阳明高足邹守益（1491—1562）门下，积极参与江右的王门讲学，后又访学于钱德洪、王畿，但最终却与以倡导"致良知"为论学宗旨的王阳明分道扬镳。"在隆庆末年岭西兵备道任上，（李材）公开提出旨在取而代之的'止修之学'"。①

阳明后学中过度推衍无恶无善、良知见在之说，为部分士人在思想、言说乃至社会行为上任行径情提供了理论支持。李材因此针锋相对，提出了注重修身的"止修"学说，被视为阳明"致良知"流弊的"补偏救弊"而受到时人多方首肯与追捧。而实际上李材的"止修"学说是在《大学》文本和诠释的基础上立说，并向朱子和阳明的论学宗旨提出挑战。

所谓"止修"，即是"修身为本"与"止于至善"的合称，"止"为内心存养的本体，"修"是自我省察的功夫。李材提出"止修"之学，就是要纠正王阳明"致良知"学说之流弊，其主要思想体现在三个方面：第一，强调以"性"为体，复兴性善说，反对王阳明以"心"为体之无善无恶的良知说；第二，突出

---

① 刘勇. 晚明多元理学之间的竞争与对话：以李材与许孚远、万廷言的互动为例 [J]. 明史研究，2014（1）：49.

以身为本，强调修身的重要性；第三，重视修身的功夫，强调"止修"并重。

"止修"学说在明代后期颇为流行，黄宗羲《明儒学案》专门辟有"止修学案"。后人评价李材学说，有所谓"昔人谓'良知'醒而荡，似不若'止修'二字根据实也"。①

李材一生勤于研究，著述甚丰。《明史·艺文志》载，其著作有《孝经疏义》《论语大义》《教学录》《南中问辨录》《将将纪》《兵政纪略》《经武渊源》等，涉及儒家、兵家等几大类，达一百多卷，逾百万字。哲学著述主要有《大学约言》《道性善编》《论学书》《知本同参》等。

第二节　李材与端溪书院

一、书院得名由来

世人皆知端溪书院是江西人李材于 1573 年在肇庆创办的。端溪书院自创办以来，历经 400 余年，基本沿用其名，殊为不易。

今人对于李材为何要创办书院所知较多，可对于李材因何命名为"端溪书院"，却一直不甚了解。

笔者通过查阅资料、综合分析，考究端溪书院得名，或源于以下几个方面。

众所周知，古代的读书人对于取名之事都是极为重视的。所谓"名不正则言不顺，言不顺则事不成"是也。李材虽然也带兵打仗，为一方统帅，但他更重要的身份还是文官学者，因而对于

---

① 参见黄宗羲《明儒学案》卷三十一。

这个倾注其大量心血与期待的书院，其名号的确定乃至未来发展他都不可能不重视。

实际上，虽然镇守广东岭西道肇庆地区也不过几年，但李材对肇庆的认识却一点不浅，其在肇庆留下的足迹也不算少。

自隆庆五年（1571 年）到任肇庆，李材在整顿军务的同时，曾经常向儒生子弟讲授心性之学。后经弟子们恳请，于万历元年（1573 年），李材购买官署隔壁吉宅改建为端溪书院，以便更好地授业传道。

据说，端溪是肇庆境内的一条小溪之名，它源自今高要东南的烂柯山中。沿着溪水下流，沿途都有端砚取材之处。自唐代开始，这里就出产全国最好的端砚，正因为端溪美名如此响亮，以至人们都以"端溪"指代砚台。为官多年且熟知肇庆地方文史的李材当然也知道这一点，但是肇庆有地方特色的地理山川名号还有很多，可为何李材就独独选中了"端溪"二字呢？

有论者就说，"西江"也很大气，其时两广总督驻扎肇庆，位于两广中心的肇庆稳坐西江遥控两广，那气势那魄力也的确够大！为何不叫"西江书院"呢？

众所周知，李材是王阳明的再传弟子，阳明心学对其的影响也是可以想见的。"圣人之道，吾性自足，不假外求"，这是王阳明心学的根基。而发源于本地的端溪自成一体，养天地之精魂，聚山水之灵气，从"我"出发，又回到"我"这里，最终孕育出世间最好的宝物——端砚。毫无疑问，端溪可谓是肇庆本土最有灵性最有个性，也最有穿透力的名字——凡事不拘泥于成法，在多个领域有开拓之才的李材就这样最终将书院之名以"端溪"命之。

端溪，从本心开始，最后还落归本心，这才是最适合书院办学与人才培养的好名字。当然这也只是一种解释，关于端溪书院的命名，湖南一位热心网友"天上人间"对此也进行过一番分析，他说李材当初取名"端溪"不取"西江"是有道理的。西江横跨两广，并不独属于肇庆，以初创名号的一座小书院，以李材当时的身份，断不敢取"西江"二字。古代人都以区域为文化核心，就如岳麓书院一样，以小见大。所以，为了不刺激广大文人清流的神经，取一个最富有地方特色的书院名字，是最好不过的选择。

二、办书院培养人才

明朝万历元年（1573 年），驻守肇庆的广东金事李材在戎马倥偬之余，创办了端溪书院。

一百多年后，这所书院发展成为享誉岭南的两广端溪书院，成为当之无愧的岭南学术文化中心，更是现在广东肇庆中学的前身。

肇庆，自宋徽宗皇帝赐名，寓意"开始带来吉庆"。但在宋明时期，肇庆并不太平，周边少数民族叛服无常。两广总督府刚迁来肇庆不久，百废待兴，李材作为一方领军统帅，本地事务很繁杂，也面临平叛周边不稳定势力的极大压力。但他颇有政治远见，且热心讲学，为了加强对民生的教化，他毅然决定创办一所书院。

当时的肇庆书院基础薄弱，并没有多少先例可循，李材于是将家乡江西最先进成熟的书院教育带到广东，将两广总督府衙门附近的兵备署改建为书院。

对当时的肇庆而言，端溪书院的创办不是简单的复制，而是从"0"到"1"的飞跃。在这里，李材提出"止修"学说，"修身为本，止于至善"，激励了后世更多优秀山长们继续深化办学，提出更多有洞见、有价值的办学思想。李材热心教育，在端溪书院的创办上劳心劳力，"道艺两益，文行交修"。

从李材的"修身为本，止于至善"，到全祖望的"经明行修""学贵自得，融会百家"，从冯敏昌的"蓄德为先""敦本力行"，再到林召棠的"修身践言，读书经世"，最后到今天广东肇庆中学校训"崇善尚美"以及"培养内心有光芒的学生"的育人理念，都紧紧围绕着立德树人这条主线展开。

三、端溪书院讲学

《明史》中记载："李材所至，皆聚徒讲学，学者称见罗先生。"李材到处讲学，即使是身在军中，也讲学不辍。为什么李材会如此痴迷于教育与讲学呢？

李材在肇庆岭西道任上提出了"止修"学说，为了让更多人理解并接受他的学说，讲学就成了必由之路。而李材也确实如此做了，在广东任职期间，他不仅到处讲学，而且广建书院。《李见罗先生行略》补录："今有李材《崧台讲义》一卷留存，此书附于明万历刻《见罗先生书》卷六后，凡八则，乃李材在高州府学、阳江县学、德庆州学等处讲学的讲义。"[①]

屯守肇庆期间，应本地士人所请，李材在署衙旁创办端溪书院，兴讲学之风，通过书院的讲学可以更广泛地宣传他的治学及思想主张。这种讲学不仅面对肇庆府本地士子，甚至也辐射到周边府郡。如李材一生的挚友许孚远就是最好的例证。

隆庆四年（1570年）李材任岭西兵巡道佥事，辖区为广东肇庆、高州二府。恰好其友许孚远（1535—1604）也于同年1570

---

① 程学军. 李材著述考［J］. 江西图书馆学刊，2011（6）：119.

年冬分巡海北道，辖区为紧邻李材属地的广东雷州、廉州二府。二人又得以过从论学，在肇庆"晨夕相证，最为密切，自谓十年朋友之谊，可以无憾"①。

李材在岭西任上只有短短几年，但是热心教育，奖掖士人，还在多地创办书院。尤其在端溪书院的创办上劳心劳力，擘画了书院的规制、经费、人员等，一时间端溪书院"道艺两益，文行交修"，贯彻其科举与理学并重的理念。只可惜天不遂人愿，李材含恨离职。但是岭南地区的文教之风开始日盛，历代士人不绝。

第三节 端溪书院5个"基因"

众所周知，端溪书院是岭南四大书院之首，也是其中创建最早的一所书院。作为一所绵延数百年古老书院的创建者和首任山长，李材又是最绕不过去的一个人。李材不仅创办了端溪书院，同时也给这所书院注入了别样的底色与发展的"基因"。

一、首创书院，崇祀真儒

在岭西短短的4年时间里，李材创建了众多书院，而端溪书院是其创建与讲学的众多书院中知名度最高的一所书院，而且书院本身就是其文治事功中耀眼的一笔。

万历元年（1573年），李材在肇庆府学宫西侧创办端溪书院。当是时，"府、县二学生员呈议将本道空闲私署改立书院，呈蒙两院批允（肇庆府）修葺"。这些文字及记载，除了出现在李材

---

① 刘勇. 晚明多元理学之间的竞争与对话：以李材与许孚远、万廷言的互动为例 [J]. 明史研究，2014（1）：50.

自己的公移中，也出现在万历二年（1574年）胡直的《端溪书院记》里，它们都确切表明：李材创建端溪书院，那是取得了官方和总督殷正茂许可甚至是支持的。

如胡直在《端溪书院记》里是这么说的："今少司马古歙殷公（殷正茂）兼大中丞，秉钺南来，遂移镇端州，督师讨平，甫二期而歼夷凡数十窟，民复安堵。公乃奋然谕诸群属，以讲求勘乱之原。于是兵宪丰城李君承公意旨，将遂营分司废宇以大兴于教化请于公，允焉。乃颜其堂曰某堂，以专会讲；稍益其旁为房舍，以居多士；有池亭以寓游息，下至庖廪厩有所，题曰端溪书院。既峻（竣），走使数千里，委记某……古人敷文于经武之后，何其汲汲也。今公之功视江汉既烈，乃又以兴文属之李君，君不假官帑，因仍旧贯，咄嗟告成，其事皆追踪于古人……"[1]"然则《大学》之本，即刊乱之原矣。某昔仕粤臬，与闻公指，退而共勘于李君者也。"[2]

胡直笔下的"李君"就是李材，胡直在这里说他于隆庆六年（1572年）在广东按察使任上时，曾与殷正茂论学而得闻其《大学》之旨，故退而与李材"共勘"。通读胡直所记，有助于我们理解端溪书院创建的历史背景。

当时李材帮助殷正茂在军事上平叛倭寇并取得了重大成就，那时的殷正茂对兴起文教的需求已成为一种客观需要。所以，李材呈请创建书院，也未必不是一种投其所好之举。就这样，有了殷正茂的支持，加上本地士人生员等多方努力，李材的端溪书院终于得以创办。

---

① 胡直. 衡庐精舍藏稿：卷12·端溪书院记 [M]. 上海：上海古籍出版社，1987：384.

② 胡直. 衡庐精舍藏稿：卷12·端溪书院记 [M]. 上海：上海古籍出版社，1987：384.

对于初创的端溪书院，李材一开始就确立了很多影响深远的好传统，其中之一就是确立"崇祀真儒"制度，也就是坚守儒家主体教育，所谓"念系士子所依，必得表祀真儒，俾知宗范"。

在端溪书院修建期间，李材就建议在书院中崇祀周敦颐和王阳明。据记载李材"查得府厢旧有濂溪祠，僻在厢隅，瞰临江岸，且复规模浅窄，逼近市喧，原为天妃神庙改建，故今门屏之间，尚存天妃之像。一坛两祀，不但非所以妥先儒，亦非所以宁天妃也。所据宦游岭表，倡明道学，阐千圣之宗传，为百代之师范者，濂溪之外，尚有阳明，此似可并祀而不可偏废也。相应于书院讲堂之后，因旧为新，再立崇祀之宇。春秋祀典，按例举行，焚修之费，见有教场废址可以召佃，即岁事无忧缺乏，而前地亦不致荒掷矣。"[①]

这个提议很快就得到了时任高要知县张延熙、肇庆府学训导叶贞元、高要县学教谕滕嘉定等一众官绅的赞同，不久就在书院内增修崇祀两儒祠。

值得一提的是，李材确立的这一传统被端溪书院一直保留下来，清初端溪书院复开后就开辟有专门的祭祀场所景贤阁，阁上中祀孔子，左上配以先贤周子、朱子等。此外，端溪书院历史上著名的山长也会成为崇祀的对象，比如著名的山长全祖望就有谢山祠，而李材作为书院的首创者自然更是崇祀的对象了。

二、大兴讲学，文教中心

李材一生喜办书院，酷爱讲学。他所到之处，皆以讲学为务，即使是身在军中，依然乐此不疲。后世学者，说起见罗讲

---

① 李材. 兵政纪略：卷24·书院既建表祀大儒以端风教状 [M]. 台北：台湾学生书局，1986：1035.

学，往往赞誉其有所谓"宗教般的热忱"。正是在以肇庆为中心的岭西数年，李材讲学也达到了他的第一次高潮。

初来岭西莅任的李材，即不忘讲学，"先生下车，即群境内儒生子弟，日讲心性之学"。而崇祯年间《肇庆府志》中记载更为详尽："先是，当事者畏首畏尾，材慷慨敢为，闻贼，锐身任之，贼卒歼夷。故阳江、新兴、恩平、阳春无不感知者。好谈道，所至辟书院，聚徒讲学，士多兴起。"①

在这里，他不仅在自己创办的多所书院中讲学，也去很多官学讲学。他在这些地方讲学经历的记录及其讲义，仍有部分得以保存下来。就端溪书院来说，书院落成后，李材就先后来这里主讲过"知本义""知止说"等，也即他首创的"止修说"。

由后世门生编印的且今流传于世的《见罗先生书》标题下更是注有"癸酉为端溪书院士友著"。足见端溪书院在李材心中的分量以及他对端溪书院的格外重视。

事实上，李材在岭西的讲学大受欢迎与好评。当时书院讲学的听众，时人称为"士友"，他们不仅包括从各地官学选取而来的诸生，还有不少其他人士，当时的广东名士粤东的林大春就指出："远近学者日益至。"

而当时的一众官员，包括德庆知州杨士中、电白知县王许之、恩平知县沈兼、新兴知县王民顺等，都曾与李材一起讲学交流。书院讲学的这种盛况，让李材门人也是恩平知县的沈兼在多年后依然念念不忘："自僚属百执事，以至于乡之缙绅先生、学博青衿之士，会聚一堂，四隅分席，上下千百世，疑者问，悟者质。师亦随扣即鸣，无分于贤不肖，而语之必详，望之必至。"②

---

① 陆鳌，陈烜奎. 肇庆府志：卷20 [M]. 国家图书馆峰出版社，2012：767.
② 李颖. 李见罗先生行略 [M]. 上海：中华书局，1922：241.

而在离开岭西的二十多年后，端溪书院的讲学更是使李材终身不忘。在福建戍边时，他多次向门人回忆："往莅粤，会端溪书院，有广宁尹叶寿春者，杰士也，举二典三谟为问……"①

总之，倾注李材大量心力与期待的端溪书院，甫一创办就成为岭西各地生员、士子甚至府县官员汇聚讲学论道的文教中心，说其盛况空前也并不为过。

也正是李材为书院创建发展打下的多方面软硬实力，让端溪书院在清初有了发展成为岭南学术文化中心的基础，并最终成为名副其实的两广第一书院。

三、"道艺两益，文行交修"

初生的端溪书院，李材为其制定了一系列的教育要求、教育方法等等。其中的教育要求就是"道艺两益，文行交修"，也就是书院的教育目标，是科举与理学交相并重。

李材岭西讲学时重要的下属兼门人——恩平知县沈兼说得再明白不过："辖内诸郡邑，所至建肇书院，其在端州者曰端溪，规制尤宏敞，群子弟生儒于其中，而课之艺，参以身心性命之学。""课艺"即科举教育，也就是说，端溪书院也是为读书应考服务的。

可以说，李材办学的目标非常明确。这一点明显体现在对生徒的选拔与教导上。

首先在生徒选拔方面，李材要求向岭西所属肇、高二府并各州县学选取"志趣高远、行谊矜洁、才性英敏、文理疏通者，府学四人，州县学各二人，果有异等之才，不妨多送。此非徒以课艺文之末业，实将以浚正学之渊源。假令文理虽工，行谊无取，

---

① 李材：正学堂稿：卷 15·与洪用章书［M］合肥：黄山书社，1999：12.

过惩或少，趣向近卑，皆无望于裁成，有难期于远大，宁为狂狷，毋为乡愿。大率须先卜其激进之有机，姑未责其圭角之尚露，此最选士之法，造就之机"①。这些都表明：李材的招生标准，就是"正学"与"艺文"并重。

而在生徒教导方面，从江西来的李材自然就将当时流行于江右书院、在讲会和讲学活动中的先进做法——置簿记善、附过等带到了岭西、带到了端溪书院。

具体就是"置记善、附过二簿，凡各生徒有励志进修、潜心向道、卓然可称者，逐月登记善簿。三善以上者，呈道厚加旌奖。如或荒惰自弃、不率教规，初则谕令改过，再则附簿备查，三失以上，亦据实开呈本道，以凭革黜"②。

李材带到端溪书院的这种教育理念和教育方法，有不少就被后世山长所继承和发扬光大，比如全祖望和冯敏昌两位山长为端溪书院特别定制的《端溪讲堂条约》《端溪书院学规》等。

四、多方用力，保障办学

创办书院，大兴讲学，说起来容易做起来却步步艰难。明代隆庆、万历年间的岭西地区，与经济制度发达、人口稠密、理学与科举文化发展程度较高的江右、江浙地区相比，仍然只能算是缺乏文化氛围和物质基础的"半开化地区"，岭西周边大量少数民族瑶区的存在以及叛服无常的现实就正说明了这一点。所以要在这样的地区创办书院并长期维系就需要多方用力，包括调动官方、民间等各方面的资源才能办到。为了办好端溪书院，李材可谓千方百计、用尽心力。

---

① 李颖. 李见罗先生行略 [M]. 上海：中华书局，1922：242.
② 李材. 兵政纪略：卷26. [M] 台北：台湾学生书局，2001：1151.

首先在办学经费上，为求书院能够日常运作无虞且垂远经久，李材多方筹措。一方面他实现"教场租银，县勒严征贮库，专备书院修理及量给早晚香烛之费"；另一方面将修建结余之费三百余两，召谕老成生员访购附郭良田坊场之广阔者，"推入书院册籍，永资肄业"，也就是置办学田以保证书院长期办学。

其次在人员安排上，也是考虑周到。作为掌握岭西实权的地方官员，李材可以调用的地方资源自然不少，这也是其办学讲学极为有利的条件之一。就端溪书院来讲，李材甚至从衙门里直接调来了一位专职看守的门役。"已该本道查损看道一名，改作书院编设，无烦别计"。

如此种种都可以看出，相对于岭西其他书院，端溪书院确实是倾注了他更多的心力与期待。

不过端溪书院完工后，李材就因功升任申威道副使而移驻惠州（过了半年后才赴任）。临行之前，他还在嘱咐书院生员和管理事宜："近该本道计处公费，将旧道空闲私署呈允两台，改建端溪书院，广立号舍。今工完矣，见行该府选取附郭两庠生员谢若霖、梁景先等二十余名，送赴作养，而会逢本道谬荷新恩，乃有岭东之转，不得期集蹿临，底观成业。"①

可以想见，对于端溪书院的未来他还有很多蓝图未展。为此李材请职掌清军事务的肇庆府同知李文简兼管端溪书院事，"凡一应讲学励行、读书作文，悉听本官从宜设立条规，径行课督"。

也就是说，李材推荐了他的下一任山长并对这位山长寄予厚望。可惜由于政治原因在李材离开肇庆后，端溪书院很快就被总督殷正茂强行关闭。但李材办学的这份热情却被后世很多山长继承下来，比如全祖望、林召棠、冯敏昌、梁鼎芬等。

---

① 李颖. 李见罗先生行略 [M]. 上海：中华书局，1922：245.

五、修身为本，思想最力

端溪书院虽然具有浓厚的官方色彩，但其实从一开始就打上了李材个人鲜明的烙印。李材也正是在以端溪书院为代表的岭西讲学经历中，其思想有了质的飞跃，以至最终实现"彻悟"①。

岭西的书院建设和理学宣讲活动，对李材本人的理学转向意义重大。在这里，李材由阳明学讲学活动的热心参与者和追随者，转向公开宣讲自创"止修"学的自主讲学者，而端溪书院或许是造就这种转变有力的一环。

事实上，端溪书院历史上的多位山长，不仅是学养深厚的当世大儒，更是多种文化教育思想的开创者与传播者，这一点李材可谓开了个好头。

今天的人们未必都知道，始见于端溪书院和崧台书院讲学活动的讲义《大学古义》，就是李材首次系统阐述其自创"止修"学的经典文本。这个文本的出现和公开宣讲，也就意味着李材宣告与"致良知"学说的王阳明分道扬镳，从阳明学追随者一变而为挑战者。

为此他在岭西兵巡道任上开展书院建设，从书院创建工程的选址、工费，经画人员、崇祀先儒，以及建成后的经费来源、管理人员、日常运作和在生徒的选取等事务上，均以一种宗教般的热忱全身心投入其中。

同时以书院和讲学为中心，在李材周围形成了一个士人圈子，这些人既包括县学、府学生员，也包括肇、高二府及所属州县的官员、士绅，还有很多普通的读书人。

---

① 刘勇. 中晚明士人的讲学活动与学派建构：以李材（1529—1607）为中心的研究［M］. 北京：商务印书馆，2015：233.

虽然李材在岭西讲学时间不长，真正在端溪书院讲学的时间就更短，但端溪书院在培养人才方面早期就已初见成效：据史料记载，万历三十一年（1603 年）、三十四年（1606 年）的两次乡试中，当年被李材选入端溪书院的区运、区大枢、区大相、梁聪、钟大咸、徐有为等 7 名本地生员先后中举就是最好的证明。

　　李材创办了端溪书院，同时给书院留下了 5 个发展的"基因"。对当时的岭西而言，端溪书院的创办不是简单的复制，而是从"0"到"1"的飞跃。

　　李材热心教育，在端溪书院的创办上劳心劳力，他一方面确立崇祀真儒制度，坚持"道艺两益，文行交修"的办学方针，同时在财力、人力、物力上多方用力，打下坚实基础，保障书院长远发展。在这里，李材提出"止修"学说，"修身为本，止于至善"，激励了后世更多优秀山长们继续办学，提出、践行更多有洞见、有价值的办学思想。我们说，修身为本，思想最力，不可否认李材就是站在当时当地那个时代最前沿的人之一。

　　毫无疑问，李材在肇庆播下了端溪书院 400 余年弦歌不绝、进取求变的种子。这是一个很好的开始，也是一个很高的起点。自此岭南地区文教之风开始日盛，历代士人不绝。也正因如此，在李材离粤多年后，当年岭西的四位铁杆追随者在回忆起李材时都说："服先生之教，洗心淬行，远道相期，是以先生虽远而不能忘也。"[①] 这四位铁杆追随者就是时任德庆知州的杨士中、电白知县王许之、新兴知县王民顺、恩平知县沈兼。

　　李材之后，历经明清鼎革，端溪书院在清初重开并终成岭南第一学府和两广学术文化中心，这也算是实现了李材当初的夙愿。

---

① 霍与瑕. 霍勉斋集·岭西兵政抄序 [M]. 桂林：广西师范大学出版社，2014：45.

第四节　李材的教育思想

一、"止修"学说

1."修身为本"

理学到了宋明时期已经比较发达，也是知识分子的进身之阶。最初，李材师从明朝著名理学家邹守益习"良知"之学，而众所周知邹守益是王阳明的高足。但随着阳明后学流弊的逐渐呈现，特别是由于沿着"无善无恶""良知见在"方向作过度发挥，在本体和工夫论上都引发了不少争论。特别是不少王学后人公开利用王氏"四句教"之首句"无善无恶心之体"作为理论依据，大张禅风，形成了"学者盛谈玄虚，遍天下皆禅学"的局面。

李材在长期的实践、讲学与辩难中，切身感受到这种弊病，最终"在隆庆末年岭西兵备道任上，（李材）公开提出旨在取而代之的以'修身为本，摄和归止'的'止修之学'"。

李材"止修"学说，强调以性为体，复兴性善之说；突出以修身为本，重视修身的方式，强调"止""修"并重，体现"止于至善"的宗旨，以达到"内圣外王""治国平天下"的理想。

2."止于至善"

李材说："止修者，谓性自人生而静以上，此至善也。发之而为恻隐，四端有善，便有不善。知便是流动之物，都向已发边去，以此为致，则日远于人生而静以上之体。摄知归止，止于人生而静以上之体也。然天命之真，即在人视听言动之间，即所谓身也。若刻刻能止，则视听言动各当其则，不言修而修在其中矣。……故以天下国家而言，则身为本，以修身而言，则格致又其本矣。先生欲到归于修身，以知本之本，与修身为本之本，合而为一，终觉龃龉不安也。"①

而何谓"至善"？李材认为性之本体为"至善"，人生学问的归宿在于能尽人之性，能尽人之性即达至"止于至善"之域。在落实尽性的具体过程中，必须以修身为本，为此，李材进一步指出修身的重要性：古之欲明明德，至修身为本，何谓也？尽详数事物，积发先后，而本归于修身也，本在此，止在此矣。岂有更别驰求之理，故曰其本乱，至末之有也，盖决言乏也，结归知本，若曰知修身为本，斯知本矣，知修身为本，斯知至矣。

李材明确反对阳明的良知学，主张回归性体以对抗当时言心体之无善无恶说，重视日常经验中切己的道德实践和经世致用。所以"修身为本，止于至善"可以完美地统一起来。"由于身就是本，故知修身即'知本也，知止也'，反之，若不知修身，即不知本，不知止，其为学必流于支离骛外，或流为意见，此乃后世学者常患的毛病。"②

"止修"学说在明代后期颇为流行，黄宗羲在《明儒学案》中专门辟有"止修学案"。总体来说，李材"止修"之说，其特点在于阐发"止修并重"的重要性，从道德修养的角度来看，"止"为主意，"修"为"工夫"，"止"与"修"的互依互存即"主意"与"工夫"的具体落实。因此，在贯穿整个"止修"学说的内容上，李材大大凸显了以"修身为本"为主导思想的首要前提，并以此作为儒家一贯以"内圣外王"价值取向的落实与体现。难怪明儒黄宗羲作出了中肯的评价说："昔人谓'良知'醒而荡，似不若'止修'二字根据实也"。可见李材的"止修之学"

---

① 参见黄宗羲《明儒学案》卷三十一。
② 张克伟. 李见罗其人及"止修"之学〔J〕. 郑州大学学报（哲学社会科学版），1994（4）：13.

实为一平实之学。

二、"止修"之"修身"

"以修身为本"一语出自《大学》："自天子以至于庶人，壹是皆以修身为本。"中国传统儒家一般都比较重视这种观点。李材尤其如此，他反复阐述了"以修身为本"的观念。

李材认为，修身是经世（即治理世事）的前提条件和基础，是"经世之枢"抓住了修身这个根本，治理世事才能够无过之而无不及，才不会在纷繁复杂的事物面前迷失方向，"所酬者至变而执者有常，所御者甚繁而握者有要"，尽管人们所要处理的事情多变、繁杂，但只要能够时时做到"以修身为本"，都不会失当。在他看来，儒家"至善与仁"的精神即体现于当下的修身践德的行为之中，如果抛开修身，刻意地去寻求"至善与仁"，则会愈求愈远。

李材亦从修身的角度来看待"礼"。他说："礼由身出，因修而有。修之则有礼，不修之则无礼矣。"① 其意是，礼不是只写在经文中，而是需要通过每个人的修身行为才能使礼的精神得以彰显，有礼文而不修身，礼文即形同空文，如同无礼。而明白了"以修身为本"的道理，自然会战战兢兢，视听言动不敢有所逾越，礼即随之而产生。

李材谈论"修身"，常常将其与"知止""止于至善"紧密结合起来，倡导所谓的"止修"之学。不过，李材所谓的"止""修"并非两个不同的阶段。他说："真止即是修，真修只是止。悟得此，则谁非修者，谁非止者，立命归要，总在一处。"② 又

---

① 李材. 见罗先生书 [M]. 上海：上海古籍出版社，2003：78.
② 李材. 见罗先生书 [M]. 上海：上海古籍出版社，2003：75.

说:"挈知止必要止归于本,则不偏于寂;挈知本必要本归于身,则不骛于虚;言正诚、言致格、言齐治均平必本归于修身,则伯功佛老、训诂支离与夫循生执有、自私自利者,一切非所病矣。"①

在李材看来,止、修是结合为一体的,有"修"而不知道"止",是"漫而无统";有"止"而缺少"修",则又会沉空守寂。李材尤其突出"修",认为通过修身,才能使儒家心性之学落于实地,才能避免滋生各种弊病。可以说,李材的学问宗旨即是试图彰显修身的重要性。他主张,人无论处于何种场合或境遇之下,都要修身,修身的行为应贯穿于齐家、治国、平天下的始终。他说:"其实合家国天下,通为一身,自是万物皆备,固无烦于解说。在家修之家,在国修之国,在天下修之天下,亦自是一物当机,何所容其拟议云然者?"② 身之所处,无非是家、国、天下,不在家则在国,不在国则在天下,从这个意义上讲,他认为"身外无有家、国、天下",家、国、天下都是修身的场所。

李材重申"以修身为本"的观念,目的是救治当时社会的弊病。在他看来,明中叶以来学风的衰败、官僚集团的腐朽以及社会秩序的紊乱,都是由于人们不修身造成的,因而,他把修身作为治疗以上弊病的一剂良方。比如,就当时的学风而言,他说:"今天下之士,无不知学之必求诸其心也,而其所缺者,正惟在于不知身之为本也,此其所以高持意见,流为空疏,甚至恣情循欲……则此修身者,岂惟学圣之常法,固即所以为今日学者对治之良剂也,则舍修身之外,将何所本?而又复将何所以用其力也

---

① 李材. 见罗先生书 [M]. 上海:上海古籍出版社,2003:79.
② 李材. 见罗先生书 [M]. 上海:上海古籍出版社,2003:75.

乎?"① 李材救世之心可谓殷切矣，只可惜学风、官风以及社会风气之弊是多方面因素使然，他的"以修身为本"的主张不大可能从根本上挽救一代风气。

三、李材修身方法论

李材除了将修身抬到一个很高的地位之外，对修身方法问题也作了一定的探讨。这里略举数例：

1. 着眼于日常细节

李材认为，修身不是要人陷入枯槁虚寂之中，不是要像部分王阳明后学那样"日以寻索本体为事"，而是要"随事随物而实止之，实修之"。这与我们今日所讲的实践虽不完全一致，但已不同于那种纯粹闭门思过的修身方法。李材认为，修身就体现于应事接物的日常行为之中，而不是在日常行为之外刻意地去做修身之功。修身不是一蹴而就之事，它应伴随我们一生中的每时每刻，贯穿于人的所有活动的始终。

另外，在李材看来，明中叶以来学者们身上的弊病往往都是较为明显的，却因把修身看成是"浅事"（即不值一提之事）而有所疏忽，最终造成一代风气的涣散。有鉴于此，李材强调，修身应从生活中的细节入手，比如，要经常检讨自己在喜怒哀乐等方面的不"中节"之处以及在"辞受、取与、出处、进退"方面的不合乎礼仪之处，然后再克服这种种的不足，不断增益自己的德行。

2. "头守得身"

李材认为，人之修身，应做到"头守得身"。这个说法是极为形象的，大凡理学家，关注的中心问题无非天理如何统驭人

---

① 李材. 见罗先生书 [M]. 上海：上海古籍出版社，2003：89.

欲，说白了即是头如何守得住身，以使身不陷溺下去，使身、心（即头）皆有合适的安顿的问题。他说："捉定修身为本，将一副当精神，尽力倒归自己，凝然如有持，屹然如有立，恍然常若有见，翼翼小心，昭事上帝。上帝临女（汝），毋贰尔心，视听言动之间，时切简照提撕，管归于则，自然嗜欲不得干，狂浪不得夺，常止常修，渐近道理。"[①]

这是李材对修身状态的一种描述。他把修身当成是极为庄重严肃的事情，朝乾夕惕，所有行为无不小心翼翼，如临深渊，好像上帝时时在监督自己一样，若有病痛，实加查考，看其病根从何而来，再加以根治。如此，则欲自去，身自修。

3. 践行人伦之责

李材主张，人人都要尽力践行人伦之责，止于人伦当止之所。他说："止有归宿，随其身之所接，于为君也而止仁，于为臣也而止敬，于为子也而止孝，于为父也而止慈，于与国人交也而止信，则无适而非止也。"此处所讲的是所谓的"止德"，即《大学》所提到的"为人君，止于仁；为人臣，止于敬；为人子，止于孝；为人父，止于慈；与国人交，止于信"。当然，禅宗也讲"止"，李材认为，儒者之"止"与禅者之"止"大相迥异，"禅之止主于空，故外人伦、遗事物以求之，其究不可以经世。儒之止主于实，故即人伦事物以求之，差毫末而异千里"。

也就是说，禅宗中的"止"是指止息妄念，专心一境，不分散注意力，也就是禅定的意思。其宗旨在于明心见性，以使人悟得"空"的道理，其弊在于弃绝人伦；儒家之"止"旨在追求人伦道德的恰到好处，与禅宗"主于空"相反，儒家"主于实"，即紧扣人伦。当然，李材所讲的人伦蕴含有尊卑等级的观念，当

---

① 参见黄宗羲《明儒学案》卷三十一。

代人对此应加以扬弃。

4."格致诚正"

李材说:"格致诚正,原是修身之功。除却修身,原无虚用之理;除却格致诚正,亦别无修身之可做手矣。"[①] 在他看来,格物、致知、诚意、正心都是修身之功,都是修身功夫的具体展开,是修身行为的必要步骤。舍弃格物、致知、诚意、正心,修身便没有可以下手之处。同时,格物、致知、诚意、正心又要紧紧围绕修身的主题,否则便会流于玄虚。

以上简略介绍了李材的修身方法论。不过,他又指出,人们修身,也不必过分拘泥于方法。人如果能够明白"以修身为本"的道理,便自然知道如何做修身功夫,他说:"人谁无本,只为看得不重之故,所以不修,譬之将本求利,只为看得本重,常欲举倍称之,息于铢两之间,就令不得百计千方,亦决不肯折了本。如此岂有不能修身之理。予故曰知本而后重本,重本而能以修身为本。"[②] 他以商人做生意为例说明"本"之重要,商人千方百计要保本(此是营利的前提),将"本"看得很重。同理,人若知道"以修身为本",岂能不重"本"?又岂能不去修身?

四、总结

总之,李材的"止修"学说,强调以性为体,复兴性善之说;突出以修身为本,重视修身的方式,强调"止""修"并重,体现"止于至善"的宗旨,以达到"内圣外王""治国平天下"的理想。

针对晚明士人崇尚空谈、大张禅风,"遍天下皆禅学"的局

---

① 姚才刚.明儒李材的修身学说与当代人的修身 [J].船山学刊,2008 (4):57.
② 李材.见罗先生书 [M].上海:上海古籍出版社,2003:81.

面，李材针锋相对地提出了注重修身的"止修"学说，对晚明学风、文风的改进有极大推动作用，以至于当时就被视为是对阳明"致良知"流弊的"补偏救弊"而受到多方首肯与追捧。李材明确反对阳明的良知学，重视日常经验中切己的道德实践和经世致用。他的"止修"学并不是王学的自然延续，虽然它脱胎于王学，深受王学影响，甚至李材本人年轻时也曾服膺王学，但从"止修"学说的内容来看，它其实是向朱子和阳明的论学宗旨提出的挑战。他的"止修"学说，力求将"修身为本，止于至善"统一起来。

"止修"学说在明代后期就颇为流行，而且随着李材的讲学以及文人士子的刊印传播而远播各地，特别是李材在福建任职生命的最后十多年里，"止修"学说更是成为一门有全国影响力的"显学"。下到一般士子、上到朝廷重臣如东林党人高攀龙等都深受其影响。以至于明末黄宗羲在其《明儒学案》里也专门辟有止修学案。后人评价李材学说，有所谓"昔人谓'良知'醒而荡，似不若'止修'二字有根据实也"。[①]

显然，"修身为本""止于至善"，包括"止修"学说在内，李材的这些教育思想对于我们今天立德树人办好教育依然有很大的启发和借鉴意义。

---

① 参见黄宗羲《明儒学案》卷三十一。

第三章

越魄史笔全祖望

第一节　全祖望生平概述

全祖望（1705—1755），字绍衣，号谢山，自署鲒埼亭长、双韭山民，学者称为谢山先生，浙江鄞县人。他是清代杰出的史学家、思想家、文学家、教育家和文献学家。全祖望以其卓越的史识和斐然的文采兀立于清代大家之列，是继黄宗羲、万斯同之后浙东学派承上启下的代表性人物。他终身修学，渊博无涯，虽贫病而著述不辍，为后人留下了数百万字光辉夺目的著作，其阐发的

全祖望

"经世致用""以民为本"的学术精神，在中国思想史上具有重要的地位和影响。

康熙四十四年（1705 年）正月初五亥时，全祖望出生于鄞县（现宁波市）城内的月湖西南畔白坛里（后称桂井巷）。4 岁时（按习俗以虚岁计算），进入私塾读书，由父亲吟园先生亲自教授四书五经。

自幼聪慧的全祖望，四岁读书已初解章句，随后几年就能吟诗赋词，对课答辞。相传全祖望六七岁时，随父亲去洞桥沙港村祖居走访，族中长辈想试试这个小孩的才华，便挡住去路要小祖望当场作诗。当年，沙港全氏多以烧窑为业，有"十八太公"之称。祖望接题后脱口成诗："一缕青烟上碧霄，月里嫦娥鬓熏焦。天将差使来相问，十八太公烧瓦窑。"① 长辈们听了哈哈大笑，当

---

① 李苏苗. 洞桥镇志 [M]，杭州：浙江人民出版社，2016：279.

即让路放行，自此小祖望便被族人称为"神童"。

8岁时，父亲吟园先生看到全祖望对历史特别感兴趣，就因势利导，在教他学习儒家经典著作的同时，教他读《资治通鉴》《文献通考》等经典著作，并教他练习书法。全祖望在十四岁时学业已经打下初步根基，吟园先生介绍他到本城名师董次欧先生的馆舍"三余草堂"学习经史，从此与经史结下不解之缘。这一年全祖望考中秀才，在孔庙大成殿参拜"至圣先师"，见乡贤祠内供奉着当年带头降清求荣的谢三宾和张杰两个叛贼的牌位，怒而砸之，并坚持宁可丢失功名，也要伸张正义。深明大义的宁波知府，十分钦佩这个少年秀才的气节和勇气。

16岁时，全祖望第一次到省城参加乡试。因为讨厌"场屋文章"，平时对八股文一套不甚留意，加上年龄实在太小，所以在初选时就被淘汰出局。主考官李绂翻阅到他的卷子时，大为赞赏，连喊"可惜"，但为时已晚。25岁时，学政王兰生决定将他选为贡生。28岁的全祖望，通过顺天府乡试，成了一名举人。32岁参加春闱，全祖望会试、殿试连捷，考取三甲第三十六名进士，并被选入翰林院为庶吉士。他夜以继日刻苦学习，向恩师李绂借读翰林院藏的《永乐大典》，每天必读20卷，并亲自抄写有关资料。谁知供职仅仅一年，便受到军机处首席大臣张廷玉的排挤，贬为"候补知县"，不得不"放废"归里。

官场的挫折，是全祖望人生旅途中的一个重要转折点。最后他毅然决定，从此脱离肮脏的官场，调整心态，淡泊名利，专心治学，立志要为继承和发扬浙东学术、培育英才作出一些成绩来。有一首诗可以表达他当时思想和行动上的转变："野人家住鄞江上，但见山清而水寒。一行作吏少佳趣，十年读书多古欢……自分不求五鼎食，何妨平揖大将军。"①

乾隆十三年（1748年），44岁的全祖望应绍兴知府杜补堂邀请，出任蕺山书院山长。全祖望渊博的知识、深刻的讲解，让学生钦佩不已，书院发展迅速。原书院山长因气恼全祖望接替他山长职位，于是诬告全祖望宣扬反清复明思想。最后全祖望愤然辞职归去。得知真相的学生群情汹涌，纷纷请求把谢山先生请回来。杜知府无奈之下，邀请好友宁波道台大人出面和解，全祖望断然拒绝。后来，书院学生代表来到宁波，恳请全祖望回去任教，并送上所筹的白银千两以作心意。全祖望不肯与那些官员同流合污而拒金，但是让学生留下作业给他批改，以后仍陆续寄去作业和教材，并认真批改学生寄来的作业，和他们保持着联系，显示了他学者的气节和师者的胸怀。②

乾隆十七年（1752年），全祖望被广东巡抚苏昌邀请担任天章书院（后复名为端溪书院）山长。当时全祖望身体状况已非甚佳，他跨越近五千里之遥来到端溪书院。面对教学任务重的压力，全祖望即刻投入到教学中，为书院学生传授学统流派的区别，教学之余，寻访古迹。他还把学生的优秀作业圈改后汇刻成书，作为范文选本，让学生既可互相传阅参考，进行比较，取长补短，又可相互激励共同提高。在全祖望的谆谆教导下，全院学生的成绩都有了明显的进步，并得到社会各界的一致认可。在端溪书院期间，全祖望特意为端溪书院修订了条规四则：包括正趋向、励课程、习词章、戒习气。今天，我们在重新研读这四则条规时，会发现其中所蕴含的思想精神与现在广东肇庆中学"格物致知，崇善尚美"的校训实有异曲同工之妙，有古今遥相呼应，

---

① 孟建耀. 浙东文化论丛：第1辑 [M]. 上海：上海古籍出版社，2006：11.
② 吴瑞芳，吴铁汉. 全祖望传说 [M]. 宁波：宁波出版社，2015：317-320.

一脉相承之象。由于长期带病坚持教学工作和学术研究，全祖望病情日益加重。于是全祖望决意辞职回家，在地方官员和书院学生的苦苦挽留下，又勉强坚持了几个月。

乾隆二十年（1755 年），全祖望病逝，时年 51 岁。由于家境贫困，殡葬费用没有着落，最后由学生卖掉全祖望的两万卷藏书，得二百两银子，才得以将其安葬于宁波南郊祖关山，其六世祖全少微墓之西南，墓呈横长方形，墓碑上刻"谢山全太史墓"。

全祖望虽然一生多磨难，命运坎坷，晚年又贫病交迫，但是他志高气昂，宁折不屈，有"宁愿受冻挨饿，也不与人同流合污"的高风亮节，以耿直清正的品格和满腹经纶的才华，成为浙东人民乃至国人敬仰的先贤。他的气节和品格使得他一生留下了许多传奇故事，这些故事在族人中代代相传至今。"读书甬上，怀抱经世大志；薄游京洛，饱尝人生艰难；家居十载，潜心学术研究；衣食奔走，二任书院山长。"① 这四句话描述了全祖望半个世纪的人生历程。

他传承的是清初大家黄宗羲经世致用之学，加之自己勤奋攻读，而立之年就博通经史，拥有了自己独到的学术观点。

第二节　全祖望与端溪书院

一、全祖望与岭南

全祖望绝意仕途后以著述自娱，但生活时常捉襟见肘。乾隆十七年（1752 年），"三月，东粤制府以端溪书院山长相邀，遂度（渡）岭。"对于此次远赴岭南，全祖望内心是极不情愿的，作诗

---

① 王永健. 全祖望评传［M］. 南京：南京大学出版社，1996：59.

《东粤制府以天章精舍山长相邀,辞谢不得,齿发日衰,乃为五千里之行,非予志也》,表达当时的心情。"忽忽暮春日,茫茫五峤行。""此去特谋食,投荒作远游。"① 此时全祖望已经四十八岁,虽"衰病畏行役",但不得不向岭南进发,好在有其好友杭世骏因粤秀山长之聘先行一步,这也给了全祖望前行的一点动力和安慰。

全祖望自宁波出发后,一路向西,到达浙江桐庐,在这里他拜访了东汉严子陵垂钓之地,号为严滩。严子陵为光武帝少年好友,刘秀称帝后多次下诏让其为官,均被拒绝,隐居在此过着怡然自得的生活。想必全祖望对严子陵的生活很是羡慕吧,寄情于山水,不被生计所迫。相比严子陵的潇洒,全祖望更感慨的是誓死抗击安史逆贼的颜鲁公和南宋遗臣谢翱。风光旖旎的严滩因为谢翱埋骨于此让人多了几分惆怅和感慨,诗云:"荒江抚木末,尚有鲁公魂;我亦酹卮酒,一吊谢生坟。"颜鲁公真卿虽早已作古,但精神长存。谢翱听闻文天祥被害京城,在钓台哭祭,"残年哭知己,白日下荒台"。斗转星移,物是人非,但心中的愤懑之情依然难消。

过桐庐到达南昌,这里是故交万承苍的故乡。"弥节望东埂,西州涕洒多"。万承苍,字宇兆,号孺庐,康熙五十二年(1713年)进士,居词馆三十余年,与李绂友善,官京师时,同居一处,日偕全祖望相聚讲学,对全祖望影响甚深,被其引为一生知己。"莫报恩如海,应邻鬓亦燔。"想起同在京城时的砥砺提携,而今却已是阴阳两隔。艰难前行路上全祖望的感受尤其深刻,漫漫人生路充满失意无奈,生活之路满是坎坷荆棘。过吉水时他写

---

① 王永健. 全祖望评传 [M]. 南京:南京大学出版社,1996:83.

道：荒凉知瘠土，蹭蹬识惊滩；况复石尤阻，弥愁行路难。

沿吉水南下，到达赣粤交界处——赣关。雄关漫道，顿时思绪万千。"往事鱼羊劫，遗民心胆寒。""畴昔忆杨万，空将螳臂残。"当年杨延麟、万元吉两人死守赣州，兵败之后双双自杀殉国。雄关依旧在，往事已矣。明亡之后，宁波成了浙东抗清中心。全氏祖辈先后投身于这场战斗，全祖望年少时，父祖辈讲抗清事迹，为其灌输了强烈的民族意识。青年时代读书甬上，深受浙东学派大师黄宗羲的影响。黄宗羲也曾举兵抗清，失败后回归乡里，著书立说，教书育人。全祖望继承并发扬浙东学派精神，谨守大节，奉行经世致用之道，一生笔耕不辍，写下皇皇巨著。

出赣关过大庾岭进入广东地界，全祖望立刻就想起了岭南的梅花。"吴共持节真潇洒，手种南枝万五千。"到达广州，造访海珠寺。当年李昂英在此搭棚读书，于南宋宝庆二年（1226 年）中进士，官吏部侍郎。广州历来为岭南重镇，"由来百粤士，多艳说梅侯"，由梅花思古人。"尚于汤沐在，正傍水云幽。"梅侯即梅绢，汉大将军，岭南百越族的首领，秦末帮助刘邦平定天下，受封岭南。驻足梅园欣赏梅花足以"披襟散百忧"。

历经数月的奔波，全祖望终于到达了此行的目的地肇庆。上任伊始行释奠礼，作《天章精舍释奠礼成示诸生》，理清书院历史，确定配享的先师大儒名单。对于教育事业，全祖望一生矢志不渝，也有自己的一番见解，此番远赴岭南希望有所作为。比之文风昌盛的江浙地区，岭南无疑在文化上落后许多。他在《送耡堂掌教新会》中写道："张林湛李都零落，木铎消沉三百年。年来绝学已榛芜，大雅危轮好共扶。"诗中所写既是勉励故人，也是鞭策自己奋发有为，虽"凄绝鹧鸪清夜泪，一樽为我酹南枝"。距离家乡数千里之遥，日夜思念家乡的山山水水，但也时刻不敢忘自己肩上的责任。全祖望游览光孝寺时就盛赞三国时期的虞翻，"仲翔真直节，垂老乃投荒"，虞翻遭统治者放逐岭南，虽身处逆境仍讲学不倦，是自己学习的榜样。

全祖望执掌端溪书院可谓尽心尽力，无奈疾病频仍，心中苦闷无法排解，他想起了壮志未酬的贾谊。"即此便同官舍鹏，先期早为报长沙。""天亦与吾共萧瑟，蛮风延雨几酸辛。"更添心中的悲凉。虽执教短暂，但是师生情谊真挚，"共学情原挚，当归恨有余。服勤真古谊，惆怅满征车。"相处不到一年就要匆匆离去，难掩壮志未酬的无奈，"遂尔匆匆去，谁将耿耿传"。告诫诸生为学贵在自得，"他日学成后，扁舟慰平生"。全祖望虽离开了端州，但对端溪书院的学生们仍寄予了厚望。

全祖望受聘执教两广端溪书院，虽然时间短暂，但是犹如韩愈刺潮，开岭南教育之风气，足可光照后世。

二、全祖望与端溪书院

全祖望不仅是我国著名的经史学家，而且是清代有名的书院教育家，他除了主讲绍兴蕺山书院和肇庆端溪书院外，还大力创办和恢复了一些地方书院。《鲒埼亭集》中提及与全祖望教育活动有关的书院有二三十所，由他为之作记的有二十余所，其中有些是他创办和重建的。[①] 这充分说明了全祖望从事书院教育的情况。

全祖望主讲肇庆端溪书院的时间，据《全谢山先生年谱》载："十七年壬申（1752 年），四十八岁，适广东。三月，东粤制府以端溪书院山长相邀，遂度（渡）岭，五月至端州，释奠礼

---

① 杨布生. 全祖望教育活动评述 [J]. 宁波师院学报（社会科学版）. 1991 (1)：53.

成。祀白沙以下二十有一人，从前未有之典也"。① 端溪书院是清代两广地区最为出名的书院，也是唯一一所面向两广地区招生的书院。它坐落在肇庆府高要县学宫西，故鼓铸局址，由李材于1573 年所创。书院前为讲堂，堂上为天章阁，中为宣教堂，堂后为莲池，池后为光亭，东西翼以斋舍。全祖望主讲期间，对端溪书院进行了一番整顿，颁布了书院史上有名的《端溪书院讲堂条约》。这对于端正端溪书院的学风和士风都起了非常积极的作用。然而，全祖望在端溪主讲的时间也不长，主要是由于身体原因。《全谢山先生年谱》载："九月，故疾复动（失眠），然少间必与诸生讲说学统之流派，考订地望故迹，薄游光孝寺宝月坛，登阅江楼，七星岩皆有诗。又为诸生改定课艺百篇刻之，又取博陵尹公所刻《吕语集粹》序而梓之，院中以广其传，而朝久不倦者，则《水经注》，盖已七校矣。"② 又载："十八年癸酉（1753 年），先生四十九岁，自粤中归于家。病日甚，决意辞归，而大吏及诸生尚苦留不已。新会令张惕庵曰：'先生必不死，以生平所蕴，尚未尽暴于世也。'于是复留数月。"③ 在此期间，他还访问了肇庆故宫、鼎湖庆云寺、白沙冈、桄榔亭、海月先生故居及陈文恭公祠等地，"访其服玩遗器，各诗一首，至七月乃归家养疴"。这些记载说明，全祖望在端溪的时间虽很短，加之又抱恙在身，但他却讲学不倦，著作不停，在教学上取得了卓著的成绩，赢得了学生的敬爱。

---

① 杨布生. 全祖望教育活动评述 [J]. 宁波师院学报（社会科学版）. 1991 (1)：53.

② 杨布生. 全祖望教育活动评述 [J]. 宁波师院学报（社会科学版）. 1991 (1)：53.

③ 杨布生. 全祖望教育活动评述 [J]. 宁波师院学报（社会科学版）. 1991 (1)：53.

三、全祖望的《端溪书院讲堂条约》与书院教育思想

全祖望的书院教育思想即使以现在的标准衡量，也还是比较先进的，他的教育思想对当时以科举为主要目的的书院教育起到了匡正的作用。他教育思想的先进性主要体现在他为端溪书院修订的四则学约中，一是"正趋向"，二是"励课程"，三是"习词章"，四是"戒习气"。很明显，从"正""励""习""戒"四字中，可以看出全祖望对当时的书院教育的现状是不满的，想对当时的书院教育过于重视科举的情况予以纠偏。

所谓"正趋向"，就是要匡正当时普遍的以科举为唯一目标的读书风气，"正"显然有矫正之意，全祖望希望诸生端正学习目标，广泛学习，经世致用。这一点在现在看来都是很有积极意义的。

"粤中远在峤南，不远五千里，延掌教以莅之，所望于诸生者甚重，固不仅区区章句之学，博一科举而已也。"[①] 全祖望认为他来岭南，对诸生期望很高，希望诸生做学问不要仅仅局限在章句之学，不要把学习目标只瞄准科举考试，这个观点，显然扩大了学生的学习范围，对以科举为唯一目的的功利性的学习目标进行了矫正。"白沙、才伯、南川、甘泉、弼唐、中离、曙台诸先生，学统迢遥，弓裘不替，而邱文庄、梁文康、海忠介、陈文忠并以勋业风节，起而翊之。"[②] 这一论述，为诸生树立了学习的榜样，希望诸生以先贤为榜样，重视道德修养，努力提升学问。

---

① 陈谷嘉，邓洪波. 中国书院史资料：中 [M]. 杭州：浙江教育出版社，1998：1627.

② 赵敬襄，傅维森. 端溪书院志 [M]. 赵克生，宋继刚，点校. 长沙：岳麓书社，2015：41.

所谓"励课程",就是提倡诸生要多读经史,不要全部沉溺于"帖括之学",对书院学生具体应该读什么样的书,提出了明确的要求。"院中藏书不下万卷,虽无秘册,而实皆诸生布帛菽粟之需,苟通是,是亦足矣。掌教固不敢薄待诸生,然谅近来士习,沉溺于帖括之学,未必留心及此也。夫学问岂在帖括?然即以帖括言,亦非读书不工。"① 对当时书院学生沉溺于帖括之学提出批评,又说("诸生即未能遍读《十三经注疏》《通志堂九经解》,然于《五经四书大全》,其曾熟复乎?即未能遍窥《廿三史》,然于《资治通鉴纲目》《文献通考》,其曾详观乎?即未能遍览诸儒之语录讲义,然于《性理大全》,其曾研究乎?"②)"读尽诸书,不仅以帖括之士终,而亦必不为寻常庸劣之帖括也。"③要求诸生阅读经史,只要从经史入手,学问自会日渐提升,达到"荟萃古今,从此更上一层"的目标。

所谓"习词章",就是要求诸生要多学习写作各种文体,不要仅汲汲于帖括。虽然在科举时代,要以帖括之学获取功名,但全祖望还是认为不能"专任帖括"。"诸生倘能如掌教之言,通明经史性理,其于表、论、判、策,已非所难",提倡诸生通过通读经史,自会掌握表、论这些文体,进而指出"向例院中二课,止及帖括。今掌教添古学一试,各具策问、诗赋、表论诸题,诸生能者各报名赴课,不必求备,亦不强人以所不能也。"④ 鼓励诸

---

① 陈谷嘉,邓洪波. 中国书院史资料:中 [M]. 杭州:浙江教育出版社,1998:1627.

② 赵敬襄,傅维森. 端溪书院志 [M]. 赵克生,宋继刚,点校. 长沙:岳麓书社,2015:41.

③ 陈谷嘉,邓洪波. 中国书院史资料:中 [M]. 杭州:浙江教育出版社,1998:1621.

④ 陈谷嘉,邓洪波. 中国书院史资料:中 [M]. 杭州:浙江教育出版社,1998:1621.

生根据自己情况，报名学习策问、诗赋等，不要求所有学生都能掌握，但对以上文体掌握比较好的学生，进行奖励。

所谓"戒习气"就是明确书院规矩，以明确的规章制度约束诸生，要求诸生"守礼教而能至成立者"。

当时的端溪书院学风不好，考试作弊成风，"向闻院中课试陋习极多，试艺则不在公堂列坐，各归其舍，是即抄袭等弊所由生"。① 而且"卜昼不已，继以卜夜，甚至更漏过午夜，相沿成风，以致督学使者试日，有所降黜，大为掌教之辱，甚至迁延至次日始缴卷，岂非荒唐骄慢之一大征乎!"针对这种现象，全祖望提出解决方法："今念诸生因循已久，姑稍宽之，每试自未牌即升堂，亲自监收，许诸生以上更为度。既上更，掌教即退，其过此而交卷者不阅，三次犯规，即移咨，斥出讲堂。"② 统一考试地点、时间，有老师监考，有利于端正考风，确保考试的公平。明确请假制度，"其诸生告假、销假，自有册籍。至于每日不无出入，在掌教亦无不情之阻遏，但皆须禀知，无得率情任意，是即礼教之一端也"。③ 然后是规范师生关系，不准学生向老师送礼，"至于掌教之来，乃宪府所资给。诸生以师弟之谊，或少致时物，非不知其雅意，然而人心不古，物议易生，绛帐青毡，不可以受藏垢纳污之语，为此亟行谕止，万勿过于多情"。同时，也对生徒之间的相处予以规范，"至于诸生聚处乐群，最是乐事，友其贤者，矜其不能者。当戒浇漓，消嫉妒，相接以虚衷，相勉

---

① 陈谷嘉，邓洪波. 中国书院史资料：中 [M]. 杭州：浙江教育出版社，1998. 08，1627.

② 陈谷嘉，邓洪波. 中国书院史资料：中 [M]. 杭州：浙江教育出版社，1998. 08，1610.

③ 陈谷嘉，邓洪波. 中国书院史资料：中 [M]. 杭州：浙江教育出版社，1998. 08，1627.

以古道，相期以远大之业，是非但掌教之厚望于诸生，亦即宪府牧伯诸公之所有同情者。其或造言生事，分门结党，饮酒狎邪，试艺则代请传递，种种疵谬，以致斥逐谴责。"[①]

从上述条约来看，全祖望的教育思想和教学经验都是相当丰富的，有他的培养目标，有他的教学内容，有他的管理方法。

四、全祖望教育思想的积极意义

全祖望的教育思想大概有以下几点：

特别注意品德的培养。这点与儒家的传统是保持一致的，也与习近平同志所提倡的"立德树人"的观点有一定的相似性。全祖望非常注重树立榜样，通过为生徒树立榜样，引导生徒以榜样为目标，从而确定自己的努力方向和人生目标。从古至今，我们教育的核心目标就是培养能为国家所用的人，因此，价值观问题是一切教育的核心，价值观偏离，教育就失去了意义。从这点上看，全祖望的教育思想既传承了儒家的传统，又与现代教育的立德树人的理念有某种程度的暗合，有一定的积极意义。

全祖望的书院教育思想以经史之学为根底，限于时代原因，他不能完全反对八股取士的现实，但是对"唯八股"的观念还是予以了纠正，提倡生徒多读经史，拓展眼界。这种思想在当时的背景下，尤为难得，全祖望显然看到了完全以八股为学习目标带来的弊端，也看到了科举给生徒带来的恶劣影响，毁坏生徒的心性，但大环境如此，他也不能一概否定。全祖望之难得，就在于他能审时度势，作出一定的调整和修正，通过自己的倡导，希望

---

① 陈谷嘉，邓洪波. 中国书院史资料：中 [M]. 杭州：浙江教育出版社，1998. 08，1633.

生徒通过经史学习，能学到确有价值的东西。

全祖望一生与书院教育渊源颇深，对书院教育既有实践经验，也有不少理论，现在看来，全祖望对端溪书院的影响是非常深远的，虽然他执掌端溪书院只有一年左右，但由于他著名学者的声望，教育观念的先进，对接任者还是很有影响的。同时，全祖望执掌端溪书院期间，深受学子爱戴，也可见他的教育实践还是很成功的。

五、全祖望教育思想的现实意义

全祖望在条规四则中所提倡的"正趋向"，是指要端正书院教育的培养目标，不要"为科举而科举"，要培养"经世致用"的人才，实际上就是高度重视学生价值观教育，将品德塑造放在首位，培养符合时代需求的人才。广东肇庆中学为传承端溪书院而来，育人思想一脉相承。其中在教育思想上就很好地传承了全祖望的思想，肇庆中学高度重视学生的价值观教育，教育教学实践中以思想教育为中心，引导学生树立正确的信仰。肇庆中学在教育中以培育和践行社会主义核心价值观为主线，为青年学生提供精准服务，引导青年学生树立正确和远大的理想目标，明确自身发展的方向。在日常思想教育活动中开展"我们的节日"系列主题活动，传承红色基因、感恩教育、爱心教育和民族团结教育等形式多样、内容丰富、学生喜闻乐见的思想教育活动，努力帮助学生树立正确的价值观，通过各种活动，学生自觉锤炼自己，努力成为有家国情怀、有责任担当，阳光、正直、向上、灵动、内心有光芒的优秀青年，帮助学生树立适合时代需要的、贴合国家实际的正确价值观。

全祖望在条规四则中倡导"戒习气"，就是整顿院风，严肃纪律，做到立教有法。全祖望认为"士子束身敦行，未有不守礼教而能至成立者"。从这点来看，肇庆中学也是很好地传承了全祖望的教育思想，一直以来，肇庆中学都重视学生行为规范的培养，重视学生文明礼仪规范养成教育，将文明礼仪规范养成教育视为可以提升学生文明素质，可以帮助学生树立正确人生观和价值观的重要手段。肇庆中学的文明礼仪规范养成教育以《社会主义核心价值观》《中小学生守则》为指导，在继承弘扬中华优秀传统文化的基础上，注重当代的实践创新，定期开展"学守则规范，做文明学生"主题教育实践活动。通过主题教育实践活动，引导学生切实践行《社会主义核心价值观》《肇庆市民文明公约》《肇庆市文明行为促进条例》以及《中小学生守则》，认真学公约、遵守则，争做最美肇中人。

全祖望在《端溪书院讲堂条约》中提及："自今以始，愿诸生分曹定课，日有章程，其有疑义，拈签以问。每人各置一考课册，填写所业于其中，掌教五日一升堂，或墨或复讲，其必能启发神智，荟萃古今，从此更上一层。"[①] 学生先自主学习，有疑问互相询问或讨论，并做好记录；掌教五日进行一次教学。可以看出，全祖望非常重视生徒的自主学习，培养学生独立学习的能力，要求生徒不能完全依赖老师。这一理念，肇庆中学有了很好的继承。肇庆中学的课时安排，自习课比较多，晚修严禁老师上课，给学生留出较多的时间，让学生根据自己的情况，利用大量的自习时间自主整理，自主学习，培养兴趣，发展特长。

---

① 赵敬襄，傅维森. 端溪书院志［M］. 赵克生，宋继刚，点校. 长沙：岳麓书社，2015：41.

第三节 全祖望的主要思想及成就

一、治学思想

全祖望在治学思想上传承的是黄宗羲的经世致用之学，全氏一生刻苦勤奋，尤其是在经史方面尤为用功，是清代浙东的史学名家。临终前还自编文集。

全祖望生活的时代，整个社会上弥漫着一股空疏不实的学风。鉴于当时学人多从事帖括之业或词章之学的弊病，他发出"求其原原本本，确有所折衷而心得之者，未之有也"[①]的感叹。

这一时期程朱理学占据学术主流，但那些自命为朱学的人，议论迂阔陈腐，只知"奉章句传注而墨守之，不敢一字出于其外"[②]。全祖望试图扭转这种学术风气，严厉批评宋元以来"门户之病，最足锢人"[③]的弊端，确立了学贵自得、融会百家的治学宗旨。

全祖望特别反对一味拾人牙慧、步人后尘，或墨守一家、囿于成说，从而失去自己独立思考的品性和学术创新空间的做法。在他看来，自得之学当是汲取百家之所长，再经过自己悉心揣摩、加以融会，从而获得属于自己的真知。自得之学、融会百家是全祖望治学所追求的一种很高的境界，其中闪耀着不立门户、不定一尊的思想光辉，充分表现出对前贤的尊重与继承。

---

① 周时奋. 周时奋文存：冷月银河 [M]. 上海：上海社会科学院出版社，2013：292.

② 陈谷嘉，邓洪波. 中国书院史资料：中 [M]. 杭州：浙江教育出版社，1998：1358.

③ 冯天瑜，彭池，邓建华. 中国学术流变 [M]. 上海：上海人民出版社，2019：375.

全祖望把自己所主张的自得之学与虚假的"自得之学"区别开来，并对它们进行了批判。

"精思而得之，兢业以守之。是其全力也"① 这种言论，被全祖望斥为游谈无根之学。他引宋元之际王柏之言，对这种"自得"的实质与危害作了深刻揭露，指出"孟子之所谓自得，欲自然得于深造之余，而无强探力索之病，非有脱落先儒之说，必有超然独立之见也。举世误认自得之意，纷纷新奇之论，为害不少"②。以他人之见矜为"自得"，全祖望对此也提出了批评。宋代昆山人卫湜荟萃百家，纂成《礼记集说》160 卷，是书采撷广泛，但作者不置一语于其中。全祖望对这种诚实态度倍加赞许，认为是"至哉言乎！世之狗偷獭祭以成书，矜为自得，或墨守一家坚僻之学者，其亦可以已矣夫"③，给那些以掠人之美为"自得"的无耻之徒敲响了警钟。

针对以上积弊，全祖望提出"躬行"的实践主张。他认为既然有蹈空虚说之存在，则"论人之学，当观其行，不徒以其言"④，强调不能仅据其人之言而论其学，应当在实践中对其学说进行考察。自得之学，必须验之于躬行。通过躬行实践，则狂禅之自得就不攻自破了。这种精神，渗透在全祖望一生的学术实践之中。例如他为黄宗羲辑补的《宋元学案》，堪称是贯彻其学术宗旨的典范。全祖望对《宋元学案》的续修工作主要包括三个方面：一是在内容上有所增补。《宋元学案》共有 91 个学案，其中属于全祖望增补的共计 32 个，约占全书所立案卷的三分之一。

---

① 黄文杰. 书香月湖：江南士人的精神构建与历史流变［M］. 宁波：宁波出版社，2016：62.
② 金仁义，罗炳良. 学贵自得 融会百家的全祖望［J］. 光明日报，2008-2-20.
③ 全祖望. 全祖望集汇校集注：中［M］. 上海：上海古籍出版社，2000：1277.
④ 全祖望. 鲒埼亭集［M］. 台北：华世出版社. 1977：3.

经他增补之后，宋元学术的主流与支流均得到充分反映，学术思想发展的面貌更为全面。二是对黄宗羲的原本加以"修定""次定""补定"，考订其中的失误。全祖望不为黄宗羲的失误隐讳，明确地指出原书中存在的不足，在各学案中不存门户之见，客观叙述各家各派学术利弊得失，达到了融会百家的目的。三是完善了学案体例。全祖望将史"表"运用到学案体裁之中，每一学案内先立《学案表》以揭明学术源流，这是一个创举；同时增订并精心撰写《序录》，概括评价各派学术。他在对待各学派的态度上比黄宗羲更为开放，持论往往较黄宗羲更为博大平恕。经过全祖望续修的《宋元学案》，不仅成为中国学术史著作成熟的标志，而且反映出融会诸说、不定一尊、注重独创的治学精神，深为学者所推崇。

除此之外，全祖望七校《水经注》、三笺《困学纪闻》的学术实践，也是对其学贵自得、融会百家治学思想的最好注解。正因为如此，全祖望对于清代学术风气的转变所起的作用至为关键，而他的思想认识以及学术见解，对于今天的学者治学也不失为一种有益的借鉴和启示。

二、史学思想及治史方法

1. 史学思想

史学思想的先进或落后，是衡量史家史学贡献大小的重要标志之一。从全祖望的历史记载与评论中，可窥其进步史观：

其一，赞扬清官，同情民众。全祖望在他所作的人物碑传中，用同情的笔调，描写了下层知识分子怀才不遇、坎坷一生的贫苦生活。如"归安姚薏田、长兴王敬所，皆今世仅有之材也。……然而皆一贫如洗，不克自赡其生"。学者沈甸华，"尝绝粒数日，取阶前马兰草食之"。全祖望晚年生活拮据，经常告贷。因此他对下层知识分子的苦衷更有深切的感受。他把清初学者贫病终生的窘迫写得淋漓尽致，常令读者泫然流涕，顿发恻隐。在文字狱淫威下，学者们动辄得咎，一触禁忌便身陷囹圄，甚至家破人亡。即便侥幸"事解得出，而芒角已摧，困殆不可复振矣"。全祖望指出这一时弊，赞扬曹一士请止文字狱之举，向清朝统治者的高压政策表示了强烈的愤慨。

全祖望能按人民的利害关系衡量政治得失。他抨击贪官，赞扬清官，凡在任内能兴利除弊，吊民伐罪，便给予肯定。陈槐曾力为湖民请减租，胡德迈秉公除暴安良，都受到他的称道。抗清过程中，一些明朝官军骚扰乡民，全祖望给予批评，并对纪律严明的张煌言军作出"惟其深仁以成遗爱，斯在古人中，诸葛孔明渭南之师，不过尔尔"的评价。福建地区受战乱破坏较重，姚启圣任地方官后，安抚饥贫，较有作为。全祖望为他作碑铭时，对他的政绩一一列举，给予表彰。以官吏对人民的功过来论定优劣，是全祖望始终贯彻的思想，表现了他史学观点中较高的人民性。

其二，经世致用，惩恶劝善。全祖望生活的时代，清初经世致用的史学已被考据学取代。在清统治者高压和怀柔相结合的文化政策下，当时的学者纷纷逃避现实，埋首书斋，大搞探微索隐的烦琐考证。考据学派主要对儒家经典进行训诂考释，往往对一字一句进行旁征博引，辗转求证。这种"掇绩补苴"的工作虽能校勘文字，注疏音义，但对历史上经验教训的总结一无裨益。全祖望不因循潮流，而是独树一帜，治史以经世致用为宗旨。全祖望致力于当代史，努力反映社会现实。他详细记载钱肃乐、张煌言、郑成功等人抗清始末，通过历史事件，总结一代兴衰的经验教训，说明政治得失。他多次指出抗清义军没有联合在一起，分散了力量；鲁王和唐王不和，破坏了抗清队伍的团结；马士英、阮大铖的专权，加速了弘光王朝的灭亡等。全祖望还重视学术思想对社会发展的影响，反对明儒浮虚蹈空的流弊，论及学术时往往与当时政治状况结合起来，使史学更接近于为现实服务的宗旨。中国封建社会史家的载史目的，大抵一是"明治道"，总结一代政治得失；再一是"明人道"，臧否人物，扬善抑恶，为后人树立楷模。全祖望注意到历史可以使人垂训鉴戒的特点，发挥了史书"惩恶劝善"的作用，他非常推崇西汉刘向"欲以传经之学感悟其君"和"以经术经世务"的做法，所作人物传记褒扬忠义，痛斥叛降，无不寓有深意。"翻城之役"失败后，王家勤被俘，牵连了好多人。时人最初以为王氏降清，后才知是王氏部属顾某所为。全祖望评论说："彼其播弄，皆出于反侧小人之手，百世而下犹令人欲食其肉。然而忠义之人，皇天后土鉴其心曲，所谓留吾血，三年而化为碧者，海枯石烂不可磨灭。"① 他每每利用历史之事，劝诫后人，寓教于史，以达"致用"的目的。

其三，直笔不阿，坚持求是。实事求是地记载历史事件和评价历史人物，是做"良史"的首要条件。全祖望认为史家的职责就是据实直书。他还认为史家不能凭个人好恶写史，他在《宋忠臣袁公祠堂碑铭》中说："袁公之死，盖见卖于赵孟传、谢昌元。而清容（袁桷）作志不立公传，初意以为五代史缺韩通之例！出于嫌讳，欧公且然，又何怪乎清容。既而见其为赵、谢二降臣有佳传，乃知其党于降元之徒也。盖清容之父处州，亦降元，故清容之纪先友也，凡降元者多称之。……吾读清容之文，未尝不爱

---

① 全祖望. 鲒埼亭集 [M]. 台北：华世出版社，1997：10.

其才，而心窃薄之。"① 更难能可贵的是，全祖望敢于直书明末抗清斗争，叙事原原本本，不隐讳、不曲笔。康、雍、乾时期，文字狱日甚一日，尤其是雍正和乾隆前期，文字挑剔更为苛细，稍有不慎便触忌讳。当代学者人人自危，谈虎色变。全祖望在翰林时，作《皇雅篇》一诗，被指责为"有煽惑人民不忘故主之意"。幸赖李绂相保，才免于祸。但他不惧淫威，"据实直书，隐寓褒贬"，尤留意补苴前人因避讳不敢直书的史实。《明史》对明末抗清史事多有隐讳，很多重要人物无传，或传而不详。如熊汝霖传"皆本行状，而乙酉以后起兵甚略，盖有所讳而不敢言"。全祖望为他的行状作跋，专意补缀他的抗清事迹，表示"予则以为不必讳也"。他为了"使异日补注《明史》者有所征焉"，写下大量明末人物碑传，使其成为后人研治晚明史的必读材料。

其四，主张独创，不囿成说。全祖望治史富于独创精神，不满足停留在前人著述考订的基础上。他著史不囿于成说，论事不惑于古人，在史学上不乏创见。他极力提倡学术上的独创，以不循古人成说、立一家之言作为学者一大优点。他评论明代学者黄孟清时说："先生系吾乡朱学大宗，而其经书补注多有不合。至于大学古本以及格物之义则实开新建之先。以是知人心之各有所见，而所以为朱学之羽翼者，正不在苟同也。吾尝笑近世之自署为朱学者迂疏陈腐，但欲奉章句传注而墨守之，不敢一字出于其外，以是为弗叛。铜其神明，塞其知觉，而朱学反自此晦。"全祖望对学术上有独到见解的学者最为赞赏，称扬秉纮"最多学，读书不循古人成见"，李文绲"荟萃诸儒言，言其所著，于三《礼》则有《注疏诠集》，于《易》则有《舌存》，于《春秋》则

---

① 全祖望. 鲒埼亭集 [M]. 台北：华世出版社. 1977：32.

有《鲁书》，皆不肯苟同宋人之学"。由此可见，主张独创亦是全祖望治学的目标之一。

其五，反对谶纬，不信鬼神。谶纬迷信是封建统治者神化君权、维护封建统治的工具。自董仲舒创"天人感应说"后，将谶纬迷信纳入史书的史家不在少数。他们借天道说人事，把天说成是有感觉、有意志的"神"，自然界的现象是天对人世发出的警告或预兆。用谶纬迷信曲解人事的陋习，在史学领域里根深蒂固，反映了部分史家的落后思想。全祖望是反对谶纬迷信的，他认为自然界中的风雹雨雪有一定的变化规律，不足以据此证明人世间的治乱兴衰，尤其反对利用天象曲解人事的做法，指出："且夫天垂象见吉凶，是不易之理也；五行之运如环无端，是自然之运也。为纬者未尝不窃是意以炫饰其间，岂知其惑世而诬民一至此哉。"①

从总的趋势看，全祖望的史学思想是进步的，是值得充分肯定的。

2. 治史方法

全祖望的治史方法主要表现在如下方面：

其一，去短集长。"去短集长"既是全祖望的史学方法，也是其史学思想。全祖望反对门户之见，注重独创精神。正因为包容会通，所以写学术史时，不主一家，客观实录，而且在政治上也会包容异代，解决了全祖望既承认清朝，又大量写南明志士的思想矛盾。

全祖望搜集史料时，注意博采、慎择、精考，对历史编纂学的意义极大。全祖望的注释学特点：一是注明词义时，扩大注释

---

① 全祖望. 全祖望集汇校集注：中［M］. 上海：上海古籍出版社，2000：1798.

范围，或注其演变，或注其同类；二是不通篇注释字音、字义、词义，将注释重点放在对古籍自身内容的注释上；三是将自己的历史主张及思想寓于所注释的历史事件中。

其二，重"势"的历史观。全祖望虽然站在地主阶级立场上反对农民起义，但还是有民本主义思想，这也是浙东史学的重要内容。他继承了"势"的历史观，认为这是一种与天命历史观和英雄史观相对立的进步历史观；全祖望口中的"天命"，其实是人生观。全祖望的"天命观"都有"势"的影子。全祖望是个宿命论者，认为拥护清朝是一种进步，同时也具有不以成败论人的历史眼光。

其三，经世致用。全祖望有极强的经世致用思想，全祖望的史学是道德教化下的史学，他是以史教忠、崇尚气节、以文明道，所以汲汲从事于表彰忠义的史学工作。这也使得他的史学特色表现为富于史识、谨于史法、长于史论、善于史裁。在经史关系上，全祖望有以经史为根，史学为辅的思想。他的史学渊源为理学，无门户之见，所以文章富于感情，醉心正义，拳拳于故国乔木之思，此由内而外之学也。

三、经学与理学思想

全祖望于经学的贡献，主要表现在他的《经史问答》。《经史问答》的写作形式有《黄氏日抄》《困学纪闻》的影子。而在经学上的辑佚，显示了两点意义：全祖望是我国学术史上很早知道《永乐大典》对辑佚学有很大帮助的学者。全氏所辑之书，可作为研究浙东区域经学史、王安石新学史或明代经学史之助力。

关于全祖望的理学思想，在本体的看法上，全祖望同意黄宗羲"本体未尝离物以为体"以及罗豫章"吾道当无疑于物"的观点；在理气问题上，全祖望的看法近于朱学，认为"理先于气"；在知行问题上，全祖望认为知在行先，但须以躬行之表现来检验"知"是否为正确的认识。

四、其他

1. 民族思想

全祖望不失为一位民族史家，其所作南明人物传之气节表彰，极具感染力。他在《鲒埼亭集》中对明末忠烈之士的事迹作了详细的描述，热情讴歌了抗清志士的高风亮节，其中既有其坚持民族气节的因素，也与其史家强烈的责任心相关。

全祖望的政治身份是"清人"，因仰慕先贤而写下了大量的南明人物传记，但其着眼点不再是在政治上复辟明朝，也没有继承他们的反清观念，而是从道德上、传统的儒家立场上来表彰气节，以正人心。全祖望之所以着力于碑传写作，主要是想起到激奋名教的作用。

2. 学术贡献

全祖望的学术贡献主要有四点：留下表彰民族气节的珍贵文献；揭示清初学术之精髓；完善了《宋元学案》；为清代浙东学派继往开来。具体来说，全祖望的学术贡献主要表现在以下几方面：

其一，续补《宋元学案》：全祖望之于《宋元学案》的功绩在前文已有表述。

其二，保存明清文献：梁启超所写的《中国近三百年学术史》，极力夸奖全祖望的人品与文章，赞赏全祖望为南明忠义之士写碑传，肯定了全祖望文章的史料价值。

全祖望的《鲒埼亭集》揭示了南明斗争史的历史背景，描写了大量志士、隐逸、学者的生平事迹。全祖望对晚明、清初历史研究的贡献，可补《明史》所缺，补旧史之不全，纠旧史所舛。全祖望的学术成就还在于收集乡邦文献，《鲒埼亭集》可资地方史志的编纂。

其三，辑佚校勘旧籍：全祖望七校《水经注》，对郦学功劳极大，主要体现有五点，一是合理编排《水经注》所载河流的次序篇目；二是开始区分经注；三是提出《水经注》在体例上的注中有注，双行夹写的见解；四是提出《水经》成书于三国魏人之手；五是在对郦注的七次校勘之中，引用了大量的参考文献，严谨为学，便利后人。

3. 主要代表作

全祖望著作颇丰，撰有《鲒埼亭集》《诗集》《汉书地理志稽疑》《古今通史年表》《经史问答》等，又七校《水经注》，三笺南宋王应麟《困学纪闻》，为我国文化宝库增添了许多珍贵遗产。

4. 仍待研究

纵观百年全祖望研究史，已经取得了一定的成绩，应该予以充分肯定。但是可以深入和开拓的领域尚有不少。

首先，清代阮元说全祖望"经学、史才、词科"三者兼备，但研究表明，于全祖望考据、辞章已有发掘，但是论述其经学、理学者极少，因此对全祖望经学、理学方面的探讨，应该得到加强。[①]

其次，全祖望与时人在学术上共时横向交互影响的研究仍待深入，视界还应当拓宽。全祖望文学的横向交互影响，似乎前人

---

① 俞樟华，潘德宝．百年全祖望研究综述［J］．古籍整理研究学刊．2008（5）：9-15．

也没有涉足。

最后，全祖望文集大多为碑传文，前人研究多着眼于其社会学意义，或阐发其史料价值，或挖掘其民族思想，而从碑传的传记本体论角度研究者则很少。他所写的碑传文，于清初学术研究极有意义，也有相当的研究价值。关于全祖望在文学方面的成就，研究成果也比较少，可以进一步深入。

第四章

岭南大儒冯敏昌

第一节　冯敏昌生平概述

冯敏昌（1747—1806），字伯求，号鱼山。乾隆十二年（1747 年）八月，出生于广东省廉州府钦州（今广西钦州市），嘉庆十一年（1806 年）二月逝世，终年 60 岁。冯家文人辈出，曾祖父应祥，字征麟，太学生、增广生、翰林院编修；祖父经邦，字宪万，增广生；父达文，字天岩，岁贡生，任训导。冯达文有八子，冯敏昌为老大，也最有天赋与成就，是清代著名的文学家、书法家、教育家。

冯敏昌

冯敏昌 4 岁开始认字，7 岁开始学习《毛诗》，9 岁熟读四书五经，且非常喜爱唐诗，曾随父登尖山文笔峰（今钦州尖山镇），吟有五律《登文笔峰》传世；10 岁开始阅读秦汉唐宋古文，并疏通四书大义；11 岁在家塾中遍习五经、《左传》、《战国策》，并开始作文，下笔成章；12 岁中秀才；16 岁随父到肇庆，师从陆大田先生，读书于端溪书院；19 岁拔贡，24 岁中举人；32 岁进京，殿试中进士，钦点翰林院庶吉士；34 岁授翰林院编修；35 岁任武英殿《四库全书》校书官；39 岁管改主事，随即放归游五岳；42 至 45 岁在河南省主讲于河阳书院；45 岁授户部浙江司主事；48 至 49 岁任刑部河南司主事；55 岁时获诰封政大夫；53 至 55 岁先后主讲于端溪书院、粤秀书院；58 岁主讲于越华书院；59 至 60 岁复主讲于粤秀书院直至逝世。

冯敏昌一生游历了大半个中国，所到之处，都有作品叙及。

他写下了大量瑰丽诗篇，有《小罗浮草堂诗集》《小罗浮草堂文集》《笃志堂诗抄》等作品传世，流传下来的诗作达两千多首，包括《岭南感旧录》《师友渊源集》《华山小志》《河阳金石录》等，他还参与纂修了《四库全书》《孟县志》《广东通志》等多种志书。有"岭南三子"之称的冯敏昌，以诗歌格调高华、大气之故，享誉当时诗坛。

冯敏昌"居官才四五年，远游者七年，退居凡十一年，所蕴未获究施而内行之诚笃、实学之醇茂，众所心折"①。他一生品行端正、出孝入悌、孜孜求学，57岁时因母丧而守制，在父母的庐墓前专盖草庐，并读《礼》庐中，曾经总结人生"十一耻"告诫儿孙："行迹鄙秽，一大耻也；学殖旁落，二大耻也；功名蹭蹬，三大耻也；家事削弱，四大耻也；子弟失教，五大耻也；受恩莫报，六大耻也；省运不振，七大耻也；效忠无术，八大耻也；正世无才，九大耻也；没世无称，十大耻也；总成不孝，十一大耻也。"② 即从品行、才学、立家、礼教、报国、孝悌等十一个方面警示儿孙为人要行端走正，应该有"修身、齐家、治国、平天下"的远大志向，并以此激励自己。

《礼记·祭义》中，曾参说："孝有三，大孝尊亲，其次弗辱，其下能养。"冯敏昌侍亲至孝，在家侍奉父母，以娱父母为己任。如他在19岁时的一首诗《旦起侍慈行园作》，写母亲早起，他陪母亲散步的情形，对母亲的关怀溢于言表："慈亲夜不寐，申旦起行园。披衣亟随从，衣裳虑慈单。"出门时，总嘱咐弟弟照看好父母："惟有高堂梦，还劳令弟忧。"

---

① 谢兰生. 鱼山先生传 [M]. 钦州：佩弦斋藏版，嘉庆十六年（1811）刻本：8.

② 冯敏昌. 小罗浮草堂文集：卷首·年谱 [M]. 钦州：佩弦斋藏版，光绪二十年（1894）刻本：2.

他喜远游，旅途中但逢父母生辰，定要写诗祝贺。如乾隆三十年（1765 年）所作《严君诞日遥祝》："龙鹤尚期身共健，山林应念岁初深……惟有西风晨起处，依依南望岭云沉。"祝贺父亲寿辰，表达了他对父母的祝福和依恋。进士及第以后，逢父母的重要寿辰，都要为他们祝寿，在父亲去世后的嘉庆四年（1799 年）"适先大母寿辰，舣楼船于海珠寺，箫管佑觞，务得欢心焉"。

乾隆六十年（1795 年），冯敏昌父亲去世，"穷蜡岁寒，（冯敏昌）徒跣长日，日咯血数升，几至灭性"。整整 6 天时间他几乎不吃不喝，老师翁方纲极力劝阻才稍有抑制。嘉庆四年（1799 年）母亲病重，他从书院赶回家，而仅得"十日之侍"，母亲去世后，冯敏昌"几至灭性，倍甚于闻先大父讣时"。嘉庆七年（1802 年）为母亲守孝素食三年后，冯敏昌合葬了父母，随后，"即结茅庐于山足，为丙舍，置田二顷为墓田。于是，庐墓蔬食者又三年。坐卧不据高位，足迹不到城市，来往执杖徒行，不敢骑乘。山深无人，辄攀松柏号泣无时。每晨夕，必亲诣墓前，拈香哀叩，如定省然。虽大风雨亦不假手，于子侄，纵时暂出，返庐亦必登茔叩告……"[1]

冯敏昌有 7 个弟弟：二弟冯敏照、三弟冯敏曦、四弟冯敏曙、五弟冯敏晖、六弟冯敏升，以及庶出的七弟、八弟。作为长子，他既要勤心养老，又要辅佐父母亲承担教育扶养弟弟的责任。他在粤秀、越华书院学习归家时，都要带着几个弟弟在家塾的深竹读书堂勤学苦读。一边自己学习，一边辅导弟弟的学业。乾隆三十八年（1773 年），27 岁的他带着四弟一同赴京求学，兄

---

① 冯敏昌. 小罗浮草堂文集：卷首·年谱 [M]. 钦州：佩弦斋藏版，光绪二十年（1894）刻本：2.

弟二人"闵勉同心"，在他的教导下，四弟冯敏曙"品行文章为当时信重，而孝友尤与先君（此指冯敏昌）无二"①。

冯敏昌是个感情丰富的人，乾隆三十四年（1769年），他还在廉州读书时，得三弟冯敏曦去世的消息，伤心悲痛，第二年不愿参加乡试，他的父亲迫令他"入闱"，不得归家。在学署中他发出"萧萧风雨，喔喔鸣鸡。相思者谁，梦寐见之"的悲叹。又连续有《不奔弟丧四首》《又三首》《寄书》等多首诗来寄托哀思："兄归弟不归，此恨何年绝。"

冯敏昌是一个循吏，居官仅四五年的时间，他为官清廉，陈力就列。乾隆四十九年（1784年），被皇帝钦点为会试同考官，他公正选拔，以质选才，所选胡应魁等六人，其中有四人被选为翰林院庶吉士。任刑部河南司主事时"竭力奉公"，尽自己最大能力不出现冤假错案。

冯敏昌是热心的社会活动家。乾隆四十七年（1782年），他在京任四库馆臣，从四月开始，经合郡捐款，和李载园等人筹划建廉州会馆，翌年二月会馆落成，"由是郡人留京求仕，典州郡者接踵"，乡人"有卒于京者，谋归柩于里，前后凡十余檄。每急人之急，慨然以不得广厦万间为慨，顷（倾）囊倒箧无少惜"②。会馆的建成，极大方便了乡人入京求学求仕者。

冯敏昌坚持为政清廉的政治思想，对历代的清官多有诗作赞誉。在《包孝肃祠堂》卷33中他写道："官有廉风涤，民原直道行"；在《赠新会陈明府二首》卷34中他写道："才雄自许先观榜，官好端由不爱钱。"对大禹治水的精神、屈原因忠被谤的遭

① 冯敏昌. 小罗浮草堂文集：卷首·年谱［M］. 钦州：佩弦斋藏版，光绪二十年（1894）刻本：1.

② 冯敏昌. 小罗浮草堂文集：卷首·年谱［M］. 钦州：佩弦斋藏版，光绪二十年（1894）刻本：1.

遇、文天祥正气冲天的气概、荆轲行刺秦王的胆色、韩愈文起八代的风范、苏轼蒙受乌台诗案的冤屈、王勃和秦少游等名人的曲折命运，以及抗金英雄岳飞、三国蜀相诸葛亮，他都从不同角度进行了讴歌和赞美。清朝中叶，人民群众生活贫困，条件艰苦，各种腐败现象十分严重，但这方面的诗作很少有人涉足，然而冯敏昌不顾忌，但凡写这方面的诗歌都直书不讳。他在合浦看到采珠人的艰辛痛苦，写道："江浦茫茫月影孤，一舟才过一舟呼。舟舟过去何舟得？采得珠来泪已枯。"（《合浦采珠歌五首》，作者时年 15 岁）。看到农民在艰难耕作时，他写道："苍苍一望是平田，劳尔耕夫晓不眠。截水冷偷前夜雨，透云寒断古原烟。才听啼鹧愁何处，偶尔登楼亦悄然。遮莫更寻图画看，凌晨喝犊只堪怜。"

冯敏昌不仅是出入孝悌的模范士大夫、陈力就列的循吏、喜好交游的学者文人、热心的社会活动家，而且是循循善诱、教导有方的教育家，中年之后他专注于教育，在岭南著名书院任山长十数年，为岭南教育的发展贡献良多，为岭南文化的发展出力甚巨。"士君子读书致身，苟以师儒之任，亦莫不欲以振兴文教为心。"[①]

第二节　冯敏昌与端溪书院

冯敏昌曾两度与端溪书院结缘：青少年时期求学于端溪书院，中年任书院山长，先是端溪书院生徒，后又执掌端溪书院，此种情况，在端溪书院历任山长中独一无二。

---

① 冯敏昌. 小罗浮草堂文集：卷首·年谱 [M]. 钦州：佩弦斋藏版，光绪二十年（1894）刻本：1.

一、冯敏昌求学于端溪书院

乾隆二十七年（1762 年），冯敏昌 16 岁，和父亲冯达文于端溪书院一起师从陆大田先生读书一年。当时的同学有肇郡龚宗丞骖文、唐明府汝风、黄广文淮、王明经宗烈、电白邵广文天眷、乐昌欧太守焕舒、梁广文平庵等，都是当时岭南的知名人士，与冯敏昌交往密切。在端溪书院学习期间，既有治学严谨的陆大田先生朝夕教诲，又有志趣相投的同学谈诗论道，冯敏昌如鱼得水，学业大长。后因乡试落榜归家。从其渊源与人生经历来看，冯敏昌是现今广东肇庆中学的著名校友。

二、冯敏昌执掌端溪书院

嘉庆四年（1799 年）正月，两广总督吉有斋、中丞陈简亭在一帮教育官员的陪同下，亲自到家乡钦州聘请冯敏昌任端溪书院山长，为期约两年。

当时，学生有数百人，朝夕砥砺无虚日。

冯敏昌执掌端溪书院期间，以儒学为宗，以高尚的师德、先进的教育思想、严谨的教学态度、因材施教的教学方法，并积极配合官府，推动肇庆文化教育事业的发展，受到了肇庆官民的高度评价。

1. 冯敏昌制定《端溪书院学规》

为了"整顿旧规、从严整饬"，树立良好学风，给学生指明正确的求学方向，嘉庆四年（1799 年）孟夏，冯敏昌在书院墙壁上张贴了《端溪书院学规》：

盖闻进学之道，经师难得，人师尤难，是以圣人有无言之教，颜氏有心斋之学，至于讲授，抑其次矣。又况立为规条，多为戒约，其不至强人以所难，数进而不愿，其安者几希矣。然而，子弟之职，《曲礼》为多。大伦所教，学记尤谨。则学规之立，自古而然，亦视乎其所向方者为何如耳。

端溪书院为吾粤育才最盛之区，省西五郡人士之去会垣远者，胥于此就学焉。忆岁壬午，昌尚在垂髫，随先君奉政公，执经于陆大田先生之门。仰惟师范之尊，课士之，勤经师人师，于是乎得，故登龙门而成伟器者不一。昌既喜过庭，兼承绪论，并得随诸君子后，敬业乐群，忽忽不知其乐也。后余竟赖师教成进士，入史馆，旋以非才，改官比部，思尽心于所职，而旧学益芜。重以先君讳归里。忧患之余，诸无口省。服阕后，养疾赋闲，不自意。忽杜方伯西林常公，专致制宪尚书觉罗吉公之聘，属主讲与斯席，彷徨避者久之……不肖之愚心，以副大贤之意，遂来斯宇。复承观察，前辈诚斋包公，暨贤太守小眉马公，暨高要贤令尹新旧诸尊，雅度优容，加以延接，兼所以为斯人士地者甚厚，遂于二月初启馆……是用敬绎旧闻，参酌时古，编成《学规十六则》，冀与同学共勉焉。①

其中的十六条学规如下：一、正学宜先讲；二、品行宜先教；三、义利宜先辨；四、礼文宜先习；五、五经宜背诵；六、书理宜疏通；七、史事宜约观；八、文体宜先正；九、诗赋宜究心；十、书艺宜用功；十一、诸书宜兼及；十二、训诂宜先通；十三、课程宜各立；十四、应课宜自勉；十五、出入宜节少；十六、非事宜力戒。这些在端溪书院确立的学规，学生都乐于接受，并严格遵循。

对于这十六条学规，每一条都有详尽的解释，共计约 9000

————————
① 赵所生，薛正兴.中国历代书院志：第 13 册 ［M］.南京：江苏教育出版社，1995：726.

字，涵盖了教学目标、原则、内容、方法、管理措施、奖惩制度等。《端溪书院学规》充分体现了冯敏昌以德为先、知识为重、制度规范的办学思想。他重视老师的作用，认为老师首先要对学生进行方向、方法的指导，又要重视学生作为学习主体的主动性地位，强调学生学习要懂得辨析，主张学习时要自觉；针对不同的学习内容，主张用恰当的方法来进行学习，以期提高效率；重视培养学生的自我学习能力，强调学习"宜各力""宜自勉"；对于如何利用时间，提高学习效率也有明确要求。难能可贵的是，冯敏昌所处的时代，凡书院无不以科举为目的，冯敏昌本人又是科甲出身，但他的教育观念不同于当时，他要求学生不能仅从科举的角度去学习，还要在"五经宜先背诵"的基础上，也要学习诗歌、文章、书法等，力求做到"通""诸学宜兼及也"。

为了让学子对前贤有敬重之心，冯敏昌操办了一次盛大的秋祭大典，身穿汉服执主祭之职，依次向至圣先师奉印、奉剑、进香、进献花篮、行礼，宣读《端溪书院率诸生祭先贤先儒词》："嘉庆五年（1800年），岁次庚申，孟夏朔癸未，越祭日己酉，端溪书院掌教、候补刑部主事，前翰林院编修，后学某率肄业诸生童等，谨以香烛清酒……"祭祀的形式，让学子对前代圣贤多做了解，知道要在学问上有成就，就得效法古人，为天地立心，为生民立命。

冯敏昌又从经世致用的角度出发，指出人"得其性之所近，尤以有用者为先。……夫天文地舆礼乐刑政钱谷甲兵度数之详，虽未易精究，亦不可不以时讲涉其藩篱"①。即使在今天看来，他的这些教学思想、内容和方法都仍具有素质教育的性质和意义。

---

① 赵所生，薛正兴. 中国历代书院志：第 13 册［M］. 南京：江苏教育出版社，1995：776.

2. 冯敏昌刻写《端溪课艺》与口讲手书

冯敏昌治学严谨，教学勤奋，在教学中注重方法，"谈艺之余，作七经解说，四书讲义，并刻《端溪课艺》……以及古今文赋诗选十余种，日夜与诸生口讲手书"[①]。在教学过程中，冯敏昌以严谨条规规范士子的言行和学习，注重过程学习，他曾就学业作出具体规定："今拟诸生人各立一册，册前各占温何经，而册中每页首行先列日月，次行低一格平列清晨、饭后、午间、灯下四候，于四候之下双行开写所读之经某篇某节，温读几十遍，或读何书，看何书以及读文、读诗、学字之类皆然。十日之内，院长示期查阅，抽背抽覆。"[②] "先生教人各因其才质所近，善为诱掖，程课不拘一格。月举例课外，择及门之聪俊力学通词章者，别为小课于内院。取源流宗旨亲加讲贯而定甲乙，及哺饭之而出，以所书得意迹，或古碑帖分奖之。"[③] 适时的激励措施也能使学生在老师循循善诱的教导中如沐春风，教学效果当然可以想见。他日夜与学生口讲手书，乐此不疲。师生关系爱悦不啻为父子，很多学生竟然不忍离开他回家去过年。

3. 冯敏昌为端溪书院省减脩金

冯敏昌品行高洁，简朴自律。在清代，书院山长束脩一年约为白银千两，此项开支为书院主要支出。为人正直，不嗜贪黩的冯敏昌主讲端溪书院时还主动请省减脩金："……六七年前岁脩千金，乾隆壬午端溪陆大田先生尚六百金，而粤秀延范九池先生，岁脩则八百金，其薪米皆在外家，潜斋太史尚复回千金。此

---

① 冯敏昌. 小罗浮草堂文集：卷首·年谱［M］. 钦州：佩弦斋藏版，光绪二十年（1894）刻本：2.

② 刘伯骥. 广东书院制度沿革［M］. 北京：商务印书馆，1939：380.

③ 梁廷枏. 粤秀书院志：卷一［M］. 南京：江苏教育出版社，1985：224.

掌教自请岁省三百金……"①

　　冯敏昌家人众多，三十三人赖其养育，自减脩金，导致家人生活质量下降，但冯敏昌为降低书院费用，主动提出减薪，可见其道德高尚。

　　注重环境育人，冯敏昌在端溪书院任教时曾亲自修整场院，还率领生徒动手整治美化书院的环境，"端溪书院后有爱莲亭，亭前有池，状如半月，岁久为恶木侵翳，池栏倾圮，径道蚀坏。余自去春主讲，追感昔游于夏秋之交，以叩诵之暇，课童伐木去翳，并命公甓治径道，周池仍缭曲栏，亭上为置文窗、开月户，移旧碑二于亭前，绕亭种松十余株，遂疏池淤将以今春植莲。"②

4. 冯敏昌的诗作

《励志诗示院中诸生二首》

一

彬彬礼乐地，肃肃堂庑深。属此徂暑交，相从在文林。

火云郁成峰，骄阳赫流金。缅彼畦中农，耕锄汗淫淫。

亦有道上人，牵车走骎骎。而我亦何事，拥书坐长吟。

生徒复予赓，锵然韵琅琳。气类云从龙，鸣声鹤在阴。

群居岂不乐，而仍惕予心。圣道渊矣哉，于何用求寻。

颜生愦不发，何由示来今。千载有濂溪，与点同胸襟。

希颜况逸志，空谷诚足音。至教匪游扬，契心在潜湛。

往矣荷蒉磬，邀哉师襄琴。

二

日月不待人，寒暑如掷梭。渐见火星中，行复秋风多。

---

　　① 冯敏昌. 小罗浮草堂文集：卷 7 [M]. 钦州：佩弦斋藏版，光绪二十年（1894）刻本：39.

　　② 广西钦州市钦北区政协文史资料委员会，编. 钦北文史：第 1 辑：冯敏昌诗选 [M]. 1997：127.

我生过半百，志业两蹉跎。归来对群经，感激重摩挲。
昔汉承秦火，风诗始萌芽。易道既晦昧，尚书最缺讹。
礼乐况崩坏，春秋非一家。区区马郑徒，掇拾兼搜爬。
涉津岂无梁，寻源在沿波。如何后代士，抵隙兼蹈瑕。
说经用空谈，责人忘过苛。后生懵所闻，讵肯勤切磋。
兵农与礼乐，一视谓浮华。道术既已裂，异端宁责他。
穷经只如斯，求志将谓何。①

冯敏昌所作《励志诗示院中诸生二首》以自己的亲身体会鼓励端溪书院的学生：

第一，以立乐为教，严之以礼。冯敏昌教导生徒安于求圣道，学习颜回的"好学、仁人"精神，赞同曾皙（点）的理想境界。

第二，潜心致学，勤奋切磋。遵从隐士荷蒉高洁之风和孔子向乐官师襄学琴的虚心品质。

第三，苦研经书，立志高远。

冯敏昌还经常教导生徒要学习卫武公老而好学的精神，具体要求为：一、读书要读"经史，皆不可一日而不读"；二、读诗要读"杜诗，亦断不可不读"；三、练字要模仿王羲之。他对王羲之《兰亭序》极为推崇，曾刻有一方"兰亭癖"印，故此可见他的志趣之所在。"王右军乎，心摹手追此人而已"；四、画画要画"山水，须访董、巨、荆、关；其次，则倪、黄、吴、赵；又次，文沈之作及北宋二米；更须日临右丞《辋川图》一二段，次则王石谷临本《富春山居图》，次则……"

---

① 冯敏昌. 小罗浮草堂诗钞校注：卷4 [M]. 李寅生，杨年丰，校注. 上海：上海古籍出版社，2006：212.

5. 冯敏昌以诗饯别端溪书院

嘉庆六年（1801年）春，冯敏昌由端溪书院被聘为省级粤秀书院讲席。当时，肇郡官绅商贾一起为冯敏昌饯行，设数十筵，相连十里，还为之罢市，恳留一载。冯敏昌徘徊不忍离去，在席中作别诗："光弼入军应有色，廉颇将楚恐无成。"①　各以诗饯送者两百余篇，都装成册。冯敏昌一一读完后黯然，众人皆呜咽而别。

书院是生徒们朝夕学习生活的地方，其良好的内外环境也能使他们在清静的氛围中顺利完成学业。冯敏昌掌端溪书院约两年，时间虽短，可成效显著。据载，嘉庆五年（1800年）冯敏昌掌端溪书院时，他通过举行岁试、科试，选出优秀人才三十余人，其中有六人被皇上特恩开科取士。上级（掌权的人）寄来书信，说这里的礼乐教化风气非常浓厚。

"学高为师，身正为范"，冯敏昌以士大夫的忠恕智信，得到了学生的感激、爱戴和官绅士人的崇敬，端溪书院"师弟爱悦不啻父子，竟多有不忍离归度岁者"。

第三节　冯敏昌的重要教育思想

一、以德为先

冯敏昌将"为人"作为书院立学兴教的根本目标。他认为书院教育的首要目的是使人有德，德重于才。他非常推崇春秋时鲁国大夫叔孙豹的"三不朽"之说（"立德""立功""立言"）。他

---

①　广西钦州市钦北区政协文史资料委员会，编. 钦北文史：第1辑：冯敏昌诗选［M］. 1997：152.

说国家设立书院，无非是想让人通过学习自觉展现高尚的美德而已。因此对年轻后辈应加强教育引导，凡是衣食比较充足的人家，必须先教孩子读书，使孩子略微知道一些正确的道理。将来，孩子即使不能功成名就，也可以避免犯罪。他在《端溪书院学规》开篇中就指出"盖闻进学之道，经师难得，人师尤难"，即传授专业知识的老师比较好找，但是具有高尚人格的人生导师就比较难找了。那么怎么样才能提高学生的道德修养呢？冯敏昌在《端溪书院学规》中指出了三个途径。

1. 儒学为正

冯敏昌在《端溪书院学规》第一条就指出，"正学宜先讲"①。此处的"正学"就是"儒学"。冯敏昌生于官宦世家，曾祖父、祖父都曾任翰林院编修，父亲曾在国子监就读，因此他从小就深受儒家思想的家风熏陶。他 7 岁开始习读四书五经，32 岁中进士前都在勤学苦读秦汉唐宋诸家古文，在担任"四库馆臣"编纂《四库全书》期间，有机会博览群书，对儒家经义的理解更加深入，儒学功底也更加深厚。他很认同儒学对人的教化作用，他认为必须首先明白的道理就是，儒学（在对人的教化等方面）是最为正统的。由于儒学有很多学派，冯敏昌在学规中主张首先要追随周敦颐、程颢的学说，这样才会先懂得人之所以为人的基本道理。冯敏昌在《端溪书院学规》第五条也指出了学生"讲正学"的途径——"五经宜背诵"②。因为五经是中国儒家的经典书籍，相传经过孔子的修改编辑，所以冯敏昌认为学生应该熟背五经，他要求"五经之文，皆不可不次第熟读，而熟读须可以抽背、抽默"。

---

① 赵所生，薛正兴. 中国历代书院志：第 13 册［M］. 南京：江苏教育出版社，1995：727.

② 赵所生，薛正兴. 中国历代书院志：第 13 册［M］. 南京：江苏教育出版社，1995：728.

冯敏昌推荐学生们读背的经书有《诗》《书》《易》《春秋》《礼记》《周礼》《礼仪》《孝经》等。他特别提到《孝经》的重要性：汉代时，期门、羽林（皇帝的侍从官、禁卫军）都能明白了解里面的章节、句子，何况对于现在的学生而言，怎么能一日不读书学习呢？（大家）谁不是为人子女，难道可以丧失孝道吗？

2. 品德为要

（1）《端溪书院学规》的第二条强调求学者要敦品行。他指出："人之立品，制行不一，要以谨言慎行为先"①，即要求学生能够在言行方面多加谨慎，对自我严格要求。他甚至把"敦品"放在"励学"之前。学生刚开始学习时或许不能深入理解，但是必须先要砥砺品德。冯敏昌还认为"德行为文章之源"，不然即使读了很多书，文思敏捷、写作迅速，也只能说这人小有才华，但没有知晓能成为有道德有才能的君子的大道理大智慧，国家何必要这种人才。

（2）提高学生的品德修养。冯敏昌在《端溪书院学规》第三条强调学生要"辨义利"，即道德行为与物质利益的关系，确实不可以不先弄清楚。他推崇先贤们的义利之说，如孔子的喻义喻利之论、孟子的舜徒跖徒之分、陆子静先生的鹿洞喻义章之讲。他要求学生们应该每个人写一篇（关于义利方面）的文字，标示在座位的右边，以便随时警示自己。

冯敏昌还把"义利之辨"上升到"立志"的高度，他指出辨别道德行为与物质利益的关系，就是辨明志向，就是树立志向。否则，求学就没有意义了（"何以为学"）。他还要求，学生学习了道义，那么对于那些不符合道义的哪怕是微小的东西，不能去

---

① 赵所生，薛正兴. 中国历代书院志：第 13 册［M］. 南京：江苏教育出版社. 1995：727.

获取，也不可以被给予。

（3）在《端溪书院学规》的第四条，冯敏昌提出"礼仪宜先习"①。儒家的"礼"是制度、体制和社会意识，"仪"是依据"礼"的规定形成的社会规则和行为规范。冯敏昌要求学生习礼仪、以礼自持。他推崇《礼记》中的"人有礼则安，无礼则危"。他要求在书院里面，师生朋友见面时，应当谦和有礼，进退揖让有度。冯敏昌最不能容忍在公共场合聚会，高声欢笑，朋友成群聚居，说话狂妄轻佻，夏天在房间外面赤身露体，经过院内连廊时身不着长衫，脚不穿长袜。倘若遇到这种现象，冯敏昌必定会用《相鼠》（《相鼠》是《诗经》中一首骂人的诗）这首诗去责骂他，没遇见而听说谁有这行为（指上文无礼之举），当即命令他加强《曲礼》（《曲礼》规定了一些具体而细小的礼仪）的学习。冯敏昌还在文中严肃指出：假如因为岁数大而嫌弃这些规定繁杂苛刻的，可以按照自己的想法暂时去其他地方学习，希望不要扰乱本书院的规矩。

3. 洁身自爱

冯敏昌在《端溪书院学规》第十六条要求学生"非事宜力戒"②，就是要求学生专心学业，不可沾染陋习。他强调"弹、唱、赌、饮之习，有品不屑"，并警告学生如果不知道洁身自爱，一经山长查出，情况较轻的就是责令退学，且不允许再来上学，情况严重的就送去官府责罚处分。受当时社会风气的影响，冯敏昌反对学生出入吹拉弹唱、赌博饮酒场所，要求学生"有品"，树立博取功名、报效国家的远大理想。

---

① 赵所生，薛正兴. 中国历代书院志：第13册［M］. 南京：江苏教育出版社，1995：727.

② 赵所生，薛正兴. 中国历代书院志：第13册［M］. 南京：江苏教育出版社，1995：729.

冯敏昌在学规中所提的这些要求，对当今中学教育依然有现实指导意义。党的十八大明确提出"把立德树人作为教育的根本任务"，党的十九大进一步强调"落实立德树人根本任务，发展素质教育"。2017普通高中各科课程标准的修订，都注重"落实德育为先"，并要求对学生加强中华优秀传统文化教育。冯敏昌在《端溪书院学规》中推崇的儒学和五经，有相当一部分是我国传统文化中的精华，蕴育着许多正面的人生哲理；冯敏昌倡导的敦品行、辨义利、习礼仪，更是对一个人道德品质的基本规范。我们应该积极挖掘这些有意义有价值的文学精华，让学生在经典诵读中、在品味鉴赏中感悟到我国经典文化的深厚、博大、精深，感受到其中所蕴育的人生哲理，从而加强自己的道德修养，培养学生真正的世界观和人生观，并增强文化自信心、自豪感。

二、知识为重

清代学生入读端溪书院的目的是参加科举考试，为了使生徒学有所成，冯敏昌在《端溪书院学规》中对学生的学习内容、学习方法、学习态度等也做了详细规定。

1. 订好计划

《端溪书院学规》第十三条指出："课程宜各立。"① 就是指学生（包括老师）要自己根据自己的实际制订学（教）的具体内容计划。冯敏昌认为如果照搬别人的做法，则不会有自己的课程，即使诵读也没有实际功用，教书的人虽然手执教鞭抽打学生手心手背，在教学方面也无从下手。完全学习别人，当然觉得方便；但对于教学者，则辗转反侧难以心安。冯敏昌还介绍了自己年少

---

① 赵所生，薛正兴. 中国历代书院志：第13册［M］. 南京：江苏教育出版社，1995：728.

时期求学的体会，他以前求学时，都遵守课程去学习，所以才有较大的收获。冯敏昌认为课程确立后，每天要有固定的学习任务并落实，不得荒废。然而每天的学习计划和任务也不宜过多。

冯敏昌要求每个生徒要有一本计划书，首页写明学习内容，书中每页第一行写清日期，次行写上早晨、饭后、午间、晚上四个时间段，第三行在第二行四个时间段下写明"所读之经某篇某节"，即学习的具体内容。

2. 勤下功夫

冯敏昌要求生徒学习的内容非常广泛，包括背诵五经，领悟书中道理，借鉴历史，明辨文体，专心研究诗，努力学习书法，等等。在学习方法上提倡积少成多、勤下功夫。以书法为例，他说现在的读书人，看见毛笔就害怕，这样怎么能喜欢上学习书法呢？所以他强调学习书法在于多练多写。又如，为了使学生"正文体"，冯敏昌给学生推荐了许多书目，包括古文"史公秦始、项羽诸记、伯夷屈原诸传、诸表序诸书、《国策》中的苏秦合纵、张仪连横诸篇"；明代时文特别是王、唐、归、胡文三十余篇。冯敏昌要求书院中的学生，经选择确定了书目后，务必要天天抄写、诵读，登记好课程安排及学习进度，以方便查阅抽背。冯敏昌认为只有下了功夫，熟之复之，才会有所领悟收获，才会有"登泰岱之高，而下视众山皆培楼也"之感。

3. 循序渐进

冯敏昌在《端溪书院学规》第十三条指出，读未读过之书的方法在于温习，或者三天，或者四天，到第五天则全部温习一遍。那么生疏的就会变得熟练，而原本熟练的就会熟练之至。冯敏昌还在《端溪书院学规》第十二条指出："训诂宜先通。"[①] 训诂学是中国传统研究古书词义的学科，冯敏昌认为训诂学只是前人普通的小学问，而现在即将失传，为什么呢？原因在于幼时始学之时不读《尔雅》，长大之后又不研究《说文解字》（《尔雅》《说文解字》是我国最早的字词典）。

因此他强调现在如果能先学习研究《尔雅》《说文解字》这两本书，积少成多，在学习上就会由粗浅到细致，就能学有所成，否则"下笔便误，开口便错"。可见冯敏昌是强调基础，提倡学习循序渐进的学习方法的。

4. 古为今用

冯敏昌在《端溪书院学规》第八条提出"文体宜先正"[②]。当时的读书人都写作"时文"（八股文），冯敏昌认为"时文"的气脉应遵源古文，当时的文章虽然自成一体，与古文不一样，但是文章里的气势、结构、脉络等，也可以从古文找到源头。广东当时虽然也算是文风鼎盛之省，但冯敏昌认为如果用文章风格来衡量的话，则也没有深得写文章的精义。

冯敏昌认为正文体的途径，本来在读经籍义理解说的时候，也应该先阅读学习古文，古为今用。学生尤其应该将《过秦论》《陈政事疏》等古文抄写编辑成册，反复熟读温习，久而久之，学习上就会如拨开云雾见青天般豁然开朗。冯敏昌指出，如果读近代人的文章，哪怕成千上万，但倘若对其中王、唐、归、胡等多位大家的文章没有潜心研究过，那么就是数典忘祖、虚度人生。这样的话我们广东地区的文章什么时候才会形成良好的风

---

① 赵所生，薛正兴. 中国历代书院志：第 13 册 [M]. 南京：江苏教育出版社，1995：728.

② 赵所生，薛正兴. 中国历代书院志：第 13 册 [M]. 南京：江苏教育出版社，1995：727.

气呢？

5. 经世致用

学以致用是先秦孔派儒学的传统，宋代的新儒学即所谓"理学"在一定程度上不务实际，明末更甚。清初有学者提出了"实学"的理念，即"实习、实讲、实行、实用之学"（颜习斋）。虽然冯敏昌是科甲出身，当时书院的办学也是为了科举考试，但他洞察社会现实，除了要求学生诵五经、疏书理、正文体、究诗赋、攻书艺外，也提倡学生从经世致用的角度出发，拓展知识面，兼顾天文地舆、礼乐刑政、钱谷甲丙、度数之详等。

冯敏昌推崇"通天地人，谓之儒"的古训，希望学生像古人那样"以一事不知为耻"。他举例说自己年少在端溪书院求学时，见友人有一本《天王图》，他借来早晚都在阅读《天王图》，废寝忘食。并随手摹刻一册，一直放在他的行李箱里。在京城，他伏读《御定数理精蕴》。他提倡学生除了熟读经书之外，也要粗略地懂得一些地理知识，不至于像盲人那样迷失方向。冯敏昌给学生推荐了很多书目，如地理方面的《太康地道记》《元和郡县志》等，乐律方面的《皇佑新乐图记》《律吕新书》等，数学方面的《算经十书》《数学论》等。

6. 身先垂范

冯敏昌作为山长，他督促学生成人成才，并率先垂范。在《端溪书院学规》引言中他"冀与同学共勉焉"[①]；对于学生所列学习计划，十天以内，山长按期查阅、抽背，对于没有落实学习任务的学生，必定严加批评，不会浮于表面。为了正文体，冯敏昌在给学生选好要读的古文后，要求学生逐日抄写诵读，等到

---

① 赵所生，薛正兴. 中国历代书院志：第 13 册［M］. 南京：江苏教育出版社，1995：725.

（对古文）学得比较熟练了，山长也应当定期在课堂上进行讲评，以强化学习效果。冯敏昌要求学生同时涉及多方面学问。如果有远大志向的学生，他也愿意与其一起学习进步，也可借此补救他自己的不足之处。为了使学生在诗赋方面有长进，冯敏昌有唐代赋文及唐代以来各种诗体的各种选本，对于有志于这方面研究的学生，他很高兴借阅给他们，帮助他们学有所成。冯敏昌主讲端溪书院，"谈艺之余，作七经解说，四书讲义，并刻端溪课艺……以及古今文赋诗选十余种。日夜与诸生口讲手书"①；他亲自动手修理院后学子们读书的场所；他遵循孔子"学而不厌"的教诲，虽学富五车仍一生孜孜不倦地学习，六十岁时还坚持每天早上听见公鸡打鸣就起床，然后恭敬端正地坐好并开始读书。冯敏昌在《端溪书院学规》中提出的关于学习方法、态度和目的的要求，如订好计划、勤下功夫、循序渐进、古为今用、学以致用、老师鞭策等等，都与现代教育理论相吻合，具有明显的科学性、可行性和实用性，对今天的教学和学生学习都有很强的借鉴价值和指导意义。

以订好学习计划为例，高尔基说过"不知明天该做什么的人是不幸的"，《礼记·中庸》指出"凡事预则立，不预则废"。无数事例也证明，要实现长远的学习目标，不可能一蹴而就，需要长期有步骤地去努力。因此，从学习者的实际出发，为使学习行为具有明确的目的性，对未来的学习时间和学习任务制订好计划就十分必要。冯敏昌在《端溪书院学规》十三条中要求订立学习计划时要"各立""不可过多"，落实到"清晨、饭后、午间、灯下四候"，这些都蕴含了深刻的教育学道理，值得今天的我们学

---

① 冯敏昌. 小罗浮草堂文集：卷首·年谱 [M]. 钦州：佩弦斋藏版，光绪二十年（1894）刻本：2.

习借鉴。

三、严格管理

冯敏昌为了"整顿旧规，稍尽乃职"，其《端溪书院学规》除了对学生的品德、学习作出引导外，还制定了一系列惩处制度。

冯敏昌给学生订立了考试行为规范，当敲击梆子三次，山长登上厅堂开始点名，对于那些没有听到点名就即刻领卷的考生，不准许将试卷给他。拿到试题之后，考生们不得返回房间翻阅书籍进行抄袭。假如不遵守规定，就会加以严辞指责，对其试卷进行密封，不予批阅。接近考试时，也要求只充分利用白天的时间，不允许提供蜡烛（用于晚上复习）。如果出现冒名顶替的行为，一经查出，就会宣布罪状，加以谴责。至于管办文书的属吏和看门人员，如果有协同换卷作案的，查出后，则严加惩办，不予宽容。

冯敏昌还制定了进出书院的行为规范。他认为"学问之道，在于求其放心"①，要求学生心无旁骛，专心致志。但当时书院生徒中有很多做不到静心求学，外出而误课的人不少。冯敏昌感慨静下心来尚且都做不到，何况人还不在书院。当时书院生徒分正课、附课、随课三个等级，冯敏昌要求住在书院内的学习正课的生徒，每月最多只能准许放五天假，只有这样才能全部开支学费。正课生应当经常待在书院内读书学习，不应经常请假外出。如果不请假而私自外出，查房时一经发现，就以旷课论处，按照惯例，降为附课生。对于附课生，冯敏昌也要求严格，附课生既

① 傅维森. 端溪书院志：卷4·冯鱼山先生端溪书院学规 [M]. 南京：江苏教育出版社，1985：377.

已报名住在书院内进行学习，那么也不应该经常外出。不然的话，何不就住在外面，这样岂不更方便？冯敏昌还规定书院生徒请假销假流程，防止假冒作弊。对于学生出入弹、唱、赌、饮之地，《端溪书院学规》规定轻则退学，不许再返学，重则送至上级教育部门责罚处理。而这些都是一贯的规定，必须遵照执行。

苏联著名教育家马卡连柯明确指出："凡是需要惩罚的地方，教师就没有权利不用惩罚，在必须惩罚的情况下，惩罚不仅是一种权利，而且是一种义务。"惩罚教育是对学生错误的强制性纠正，能引起羞愧、痛苦、焦虑、畏惧和悔恨，从而使人分清是非善恶，并通过意志努力去纠正不良行为习惯。毋庸置疑，必要的惩罚在今天的学校教育中也是必要的。

随着时代的发展，冯敏昌的《端溪书院学规》所涉及的教育内容有些已经不合时宜，但是其教育观在今天仍然具有较强的借鉴意义。《端溪书院学规》是一笔宝贵的文化遗产、教育资源，值得肇庆市各学校作为校本教材，促进学生修身立德成才；广东肇庆中学作为端溪书院的延续者，更应该带头加以发掘利用、传承推广。

第五章

斗南一老林召棠

第一节 林召棠生平概述

林召棠（1786—1872），字爱封，又字蓉舟，号苹南，清朝道光癸未（1823年）状元，也是粤西地区历史上唯一的状元，授翰林院修撰。

林召棠

林召棠出生于广东省湛江市原吴川县霞街村的书香门第世家。他的父亲林雨屏曾任东安县（今广东省云浮市）教谕。年少的林召棠跟随父亲到东安，在学馆攻读《庄子》及《王渔洋集》，喜学诗词，酷爱四六文。林召棠聪颖好学，曾被学使姚文田称赞为"海滨俊才"。

然而，林召棠在科举道路上走得并不顺坦。嘉庆二十一年（1816年）应顺天乡试中举，志犹未已。嘉庆二十四年（1819年）、道光元年（1821年），先后两次参加会试均落第。在林召棠人生最低谷的时候，林召棠生命中的贵人出现了。程国仁（河南商城人）时任广东布政使，林召棠前往拜见，得到了程国仁的深切教诲和巨大鼓励。林召棠重整旗鼓，继续寒窗苦读。道光三年（1823年）林召棠第三次参加会试，被取中二十八名，殿试拔为一甲，状元及第，授翰林院修撰，充国史馆纂修官。

道光十一年（1831年）六月，林召棠为陕甘正主考，这是他人生第一次也是仅有的一次到地方任实职。他志于为国选才而自我告诫：不徇私舞弊，不受贿贪财；务求真才实学，择其优秀。他是这样想的，也是这样做的。他的操守与业绩，备受当时陕甘士人赞颂。当年九月，回京复命，适逢军机大臣穆彰阿庆寿，林召棠无奈送上五百两白银作为寿礼，穆彰阿嫌少，拒而不受。时隔不久，穆彰阿向林召棠索借二万两白银，林召棠无法筹措，自度不能立足于群奸中，翌年乞以终养母亲而告退还乡。

道光十三年（1833 年），受两广总督卢厚生之聘，林召棠主讲于两广端溪书院，长达十五年。林召棠是明清时期岭南第一学府两广端溪书院地位最尊的山长之一。他治学严谨，教导有方，重品行修身，倡通经致用。他不拘一格选才，量才玉尺精准，挑选了一批俊秀良才。"朝廷就有尚书、御史等文武官员 30 多人出其门下"①。林召棠具有自强不息、贵和尚德、清廉节俭、尊师重教、热心公益的精神品格，并在教书育人、传承文化、诗坛咏唱、方志谱牒、砚铭砚史等方面为岭南文化的发展作出了重要贡献。道光十九年（1839 年），林则徐奉旨到广东查禁鸦片，曾咨询林召棠查禁鸦片计策。林召棠钦赞林则徐严厉禁烟的壮举和崇高的爱国主义精神，林则徐也极为钦佩林召棠不愿与朝廷穆彰阿之徒同流合污，引退归田，教书育人，造福桑梓的精神，特书对联"彩衣荣似三公衮，珂第祥留五色云"② 赠送，以表敬意。

林召棠为人尚气节、淡仕宦，重工农、怜贫苦。当时，林召棠有不少旧同僚及门生已身为宰相、尚书、总督，或任巡抚、侍郎，均有意举荐林召棠复出。但是林召棠超凡脱俗，不慕高官厚禄、荣华富贵，矢志为国培才，故一概辞谢举荐。然他虽淡泊名利，却心系国家之安危，胸怀黎庶之忧乐，毕生践行报国之志。如其在《吴回溪先生家论》中云："长才任重，以勋绩著于世，

① 卢承奕. 状元书迹砚铭永流芳：林召棠的书法及砚铭 [J]. 广东省社会主义学院学报，2008（3）. 98.
② 孙作勤. 金榜题名 2 [M]. 北京：中国文史出版社，2006：703.

此第一等人，不可凡及。否则，修身积行，守冲安素，亦不失为正人君子。"在赠友人联中云："高才必为一世用，新诗况尽万物情。"在题《纯士博士小像》诗中云："赠君晓朝策，便骋天衢辔。无为守蠹简，老恋青灯味。"他极劝友人出仕，为国效力。

道光二十七年（1847年），林召棠离开端溪书院回吴川老家颐养，不习奢华，甘居平淡，待人平和，好为善事。当时，与他同科的探花王广荫在京任职，知悉林召棠的生活简朴，念起同僚之谊，奏准将吴川盐围税补给于他，林召棠却而不受。此金保存于省里多年，后由同乡陈兰彬代送回家。族中祭祖，分给他的谷物，半留义仓，以备赈济饥民。林召棠不仅注意修身，而且注意齐家，撰写《治家格言》，教儿孙时刻要牢记："食饭当思耕田人之苦，着衣当思织布人之劳。"①

林召棠晚年，或吟咏于山川滨海，或挥毫落笔于书斋。其书法，欧底赵面，自成一家。其诗词颇多佳作，清丽可颂，脍炙人口。一生主要著述有《心亭亭居诗存》《心亭亭居文存》《心亭亭居笔记》等手抄本，而刊行于世的则散载于《万花谷》（专载清代翰林班诗作）、《高州府志》、《吴川县志》。清同治十一年（1872年）农历十二月，林召棠逝世于家，终年87岁，葬于现吴川浅水镇双塘村。

林召棠为人处世、道德文章及当时之威望，从各界名流政要之赠联赠诗中应可略知一二。如清礼部尚书汤金钊赠联："果行修洁，斯文彪蔚；量海容物，赤绳闲邪。"②清翰林、工部尚书即其受业弟子罗惇衍赠联："鹤发凝禧，德齐梁案；龙头擅誉，学

---

① 陈保民. 北京：湛江市情［M］. 北京：中国社会出版社，2009：90.
② 朱爱东. 传统之"脐"：状元故里霞街村的变迁［M］. 广州：广东人民出版社，2008：158.

富曹仓。"① 清翰林、广东巡抚、其门人张莳赠联："讲艺立言，领袖后进；颐性养寿，澡雪精神。"②

第二节 林召棠与端溪书院

一、良禽择木，贤臣择主

"朝为田舍郎，暮登天子堂"，这句话反映了古代许多知识分子追求功名的思想，他们实现做官理想的主要途径是参加科举考试。科举制使门第不高的读书人可以凭才学进入各级政府任职，有利于扩大封建统治的基础，巩固封建统治。但是，林召棠却"学而优不仕"，并且他推说要侍奉在老家湛江的母亲，然而后来为什么又会来肇庆呢？

为什么会做状元师父？俗话说："有状元学生，无状元师父。"③因为中了状元之后，高官厚禄，荣华富贵，享之不尽，哪里还会去执教鞭呢？而林召棠却"学而优不仕"，甘当"状元师父"，主讲两广端溪书院多年，这在历史上是鲜有的。

道光十一年（1831年）林召棠主持陕甘乡试期间，时任军机大臣穆彰阿曾派人命林召棠为其党羽作弊，遭林召棠严词拒绝。乡试毕返京时，又适逢穆彰阿寿辰，林召棠无厚礼可送，故遭白眼；兼之穆彰阿管家又乘机敲诈，索要巨款，林召棠家本寒素，又为官清廉，宦囊如洗，何来巨款？加之林召棠撷取"新科状元"桂冠以来，九年时间已经过去。他头上的光环正在一点一点

---

① 林卓才. 斗南一老 岭南状元林召棠传［M］. 广州：广东人民出版社，2012：136.

② 欧锷. 状元林召棠［M］. 西宁：青海人民出版社，2003：21.

③ 温端政. 中国俗语大辞典［M］. 上海：上海辞书出版社，2011：1066.

褪去。熟读圣贤之书，林召棠早就看透了世事沉浮，深知不可因一时之得意而逞强。此时的大清王朝，离康乾盛世已远。他看到了这老大帝国的另一面：小人当道、乌烟瘴气……穆彰阿出仕之后，主持乡试三次、会试五次，并在覆试、殿试、朝考等考试中评选文章，还充任编纂国史、玉牒、实录等史料的总裁，门生故吏遍布天下，很多知名之士受过他的引荐，因此在朝中党羽众多，号称"穆党"。穆彰阿当时权势如日中天，飞扬跋扈，倒行逆施。林召棠虽未得深层次的官场经验，却还是闻到了一种"山雨欲来风满楼"的况味，江河日下的悲凉感浮在他的心头。林召棠性刚正、学深邃、淡名利、耻夤缘，更不愿与虎狼为伍。既已得罪于当朝"宰相"，又痛恨清廷腐败、官场污浊，就是在这样的背景下，他为自己的一生做了一个惊天动地的决定：离京返乡，回家奉母。这是一种既可称作温和又可称为极端的方式。他深信，自己的"不适应"官场，非自己"不合时宜"，而是官场"时宜不合"。

道光十二年（1832）秋，林召棠离京归里。第二年春天，两广总督卢厚生请状元公出任两广端溪书院山长。状元公以侍奉母亲为由，起初并不应允。卢厚生则说，状元公回到广东，若不当这个山长，谁还敢当呢？总督把话说到这个份上，林召棠只好应允，继而欣然前往：得天下英才而教之，不亦乐乎？自己对教育独有情怀，教书育人何尝不是自己奉献家国的一种不错选择？

林召棠从事教育事业，不是自端溪书院始。事实上，林召棠涉足教育始于嘉庆二十年（1815年）。当时他尚未中举，跟随恩师程国仁在山东济南等地辅读，他帮看县试、府试考卷。清嘉庆二十一年（1816年）林召棠顺天乡试中举后，于第三年回到广东东安（今云浮）在文昌宫教馆从教近一年，有8名学生。道光元年（1821年）林召棠再次在文昌宫设馆，学生一下子多达五十余人。这应该是他教馆有方的结果。林召棠主讲书院，则自广东高州高文书院始。高州是古代广东西部高州府的政治、经济、文化中心，高文书院在粤西影响颇大，原名敷文书院（现为高州中学）。高文书院于道光七年（1827年）聘任已经中状元回家丁忧的林召棠为主讲。虽然时间不长，却赏拔了一批相当不错的学生，诸如：信宜人梁巍，后为道光三十年（1850年）二甲进士，任翰林院庶吉士；刘汝新，为道光十年（1830年）进士，任知县，被誉为晚清高州三大诗人之一①。高州杨颐尚书、本邑陈兰彬侍郎等皆其赏拔之士。

林召棠主讲端溪书院期间，对其发展做出了重要贡献。有清一代，端溪书院山长任期最长的是乾隆年间的陆嘉颖（18年），居第二位的就是林召棠了（15年）。而以绩效和存留遗迹来看，林召棠应居首位。他在教育教学中贯彻"通经致用""研经而砥行"的原则，"务为实学"，因而"门生多俊才"。这15年在林召棠87岁的生命历程中只占了一小段时间，但对于林召棠而言，担任端溪书院山长，是他有固定职务、从事固定职业时间最长的一段人生经历。在这期间，他对岭南教育事业的发展起到了重要的推动作用。

卢厚生为什么要请林召棠当端溪书院山长呢？因为当时清廷规定，为了保证省属书院的学术权威，"凡山长充补必请诸朝廷，特重其事。"并且朝廷对山长水平要求甚高："居中讲习者，固宜老成宿望""凡书院之长，必选经明行修足为多士模范者，以礼聘请"②。因此各省会书院所聘山长多为一代名流。由此可见，卢

---

① 司徒尚纪. 广州：雷州文化概论［M］. 广州：广东人民出版社，2014：387.
② 邓洪波. 中国书院史［M］. 上海：东方出版中心，2004：467.

厚生能请出林召棠这位状元公来当端溪书院山长自然是非常高兴的。而对于林召棠而言也算不得屈就。在林召棠之前，清代状元在书院任教的就有缪彤、汪应铨、彭启丰等人。①

当时的端溪书院在广东乃至整个岭南都堪称最高学府。为什么肇庆能够出现这样一所声名远播的书院呢？这与历史上肇庆所处的政治、经济、地理和人文环境有关。林召棠在《重修肇庆文庙》中说："古端州，粤东之中，岭南一都会也。衣冠气盛，人物殷轸……我朝文轸南暨，丹徼投锋，镜清砥平，外薄海甸，重熙累洽，播为弦歌，山川清夷，灵淑钟育，端州文物，遂蔚为英俊之域。"②此前，清赵长岭在《重修端溪书院碑记》中也说："肇庆毗接省垣，南控高廉雷琼，西扼浔梧桂林，旧为广东广西总督驻节之所，两粤人文所交会，故有端溪书院在县署左。"③具体而言，第一，肇庆曾经长期是两广总督府所在地。从明嘉靖四十三年（1564 年）起至清乾隆十一年（1746 年）连续 182 年，肇庆都是两广总督府驻地，是广东政治、经济、军事、文化中心，实为岭南都会。第二，肇庆地理位置重要，是广东与广西之间、广东上六府与下四府之间的联结点。据康熙、乾隆年间所编的《大清一统志》记载，当时全省分设十府，即上六府、下四府。上六府为广州府、肇庆府、惠州府、潮州府、韶州府、南雄州府；下四府为高州府、廉州府、雷州府、琼州府。第三，肇庆是广东广西人文的交会处。在明清书院的大发展时代，肇庆在客观上有条件也需要有一所岭南最高的学府。

---

① 林卓才. 斗南一老：岭南状元林召棠传［M］. 广州：广东人民出版社，2012：105.

② 林卓才. 斗南一老：岭南状元林召棠传［M］. 广州：广东人民出版社，2012：102.

③ 林卓才. 斗南一老：岭南状元林召棠传［M］. 广州：广东人民出版社，2012：102.

在端州，清代的书院比以往任何一个朝代都要兴盛。雍正十年（1732年）端溪书院是全国知名书院，居岭南四大书院之首。广东学政徐琪于光绪十八年（1892年）给朝廷奏报："文风自以广州、肇庆两府为最优。"①肇庆古代还有其他书院，包括大名鼎鼎的宋代包公所创建的星岩书院，为何端溪书院声名隆著呢？宣统《高要县志·学校篇》作了一个具体的分析："县治所在书院以星岩、松台为最古，而规模宏远则要阙维端溪。由清康熙即延聘硕学耆儒住院主讲。朝章规约，刊告煌煌。展拓葺修，不遗余力。所选又必为各地文行兼优之士。而厘定课程，则为首群经，次诸史，又次理学辞章，而不域于科举制艺之业，故成就人才较多焉。"

从硬件看，由于朝廷历代不遗余力地对端溪书院进行维修扩建，使之形成了规模宏大的建筑群。就在林召棠到端溪书院的前一年，即道光十二年（1832年），肇庆知府颜扎·珠尔杭阿捐俸对端溪书院重修了一次。重修后的端溪书院布局工整，是一组一路五进的建筑群。第一进是面阔三间的硬山门厅，左右衬厅各一间，门厅前有照壁一幅，照壁左右各有牌坊一座。第二进是广德堂，面阔三间，左右衬厅亦各一间。第三进是揽天阁，歇山顶，面阔五间，两层间有腰檐和平座，楼下大厅称教忠堂。阁前东侧是监院，西侧是书库。第四进是宣教堂，面阔五间，东西为厨房，堂前是天井，天井前有门一座，门前东西各有七间斋舍。第五进是后楼，面阔九间，中间三个开间上层称景贤阁，下层是全谢山先生祠（祀全祖望），东边三个开间是更衣所，西边三个开间是祭器所。第四进和第五进间是庭院，自南向北沿中轴线依次布置，有澄鉴亭，半月形莲池，爱莲亭。端溪书院环境幽静，有

---

① 谢健江. 端州百街掌故 [M]. 广州：暨南大学出版社. 2014：12.

堂、有阁，有池、有亭，是读书治学的好地方，特别是书院后面的荷花池与爱莲亭，尤为清雅。那真是：

> 孕深含幽，蔽日匿景。棉火炫外，蕉阴黝径。阶墀之下，泓为深池。夏雨洗潦，秋风贡凉，仰即见星，俯即拾月。春雷启蛰，池蛙助其鼓吹；冬烘散燠，园禽奏乎笙簧。置身其中，不觉陶陶然，悠悠然。[①]

更为重要的是软件方面，从康熙时代起，端溪书院就聘请著名的学者住院主讲。《端溪书院志》载林召棠任主讲以前的山长先后有：李材、刘斯组、沈廷芳、吴延熙、全祖望、何梦瑶、陆嘉颖、马俊良、饶庆捷、冯敏昌等。书院制定了比较完善的规章制度。入院学生主要是两广文行兼优之士，报考学子必须是生员身份。再者，安排的课程内容丰富，依序有群经、诸史、理学、辞章等，不局限于仅仅是应付科举考试的八股文。端溪书院培养出来的人才也比较多。之所以能够如此，一是朝廷重视。清雍正十一年（1733 年）朝廷颁旨各省建立省府书院，指定广东的两所分别是广州的粤秀书院和肇庆的端溪书院。前者属广东，后者属广东广西，是两广总督亲自抓的。二是经费充足。清光绪前，书院常有生息银四千两，地租银一千一百两，另有不固定收入。因此山长的经济待遇优厚。山长的全部收入每年达到七百九十余两银；到了光绪年间，山长的年俸银增至千两左右。学生每年的膏火银近一两，饭食在三两以上。三是图书资料丰富。到光绪年间，端溪书院有藏书 81 库。这些图书，有购置的，有捐赠的，还有书院编辑出版的，诸如《端溪书院丛书》。

当时端溪书院为广东书院之首，状元主事，相得益彰。历时十五载，自然是硕果累累。

---

① 赵克生，谢光荣. 端州风物 [M]. 桂林：广西师范大学出版社，2015：144.

二、教化民心，培养人才

清代书院，按其讲学的内容，大致可以分为：以应科举、学习八股文为主的书院；以讲求程朱理学为主的书院；以博习经史辞章为主的书院；以学习"经世致用"之学为主的书院。端溪书院虽然以举业课生徒，但兼修经史、辞章，注意培养学生的儒家气象，以"勋业、风节"相激励。

作为清初复兴的全国仅有的 23 所省级书院之一，端溪书院的主要功能就是教化民心和培养人才，在岭南地区起着龙头书院的作用。[①]而教化民心的主要途径就是祭祀先贤。端溪书院从全祖望担任山长开始，就有定期祭祀先贤的传统，重祀向学，每年按惯例举行。通过祭祀中威仪的环境熏陶、仪式的即时感化、榜样的教育力量、祭文的引导作用、道德的教化作用等共同影响，生徒肃然起敬，尊师重道，尚贤崇德并产生一种强烈的社会担当意识。林召棠的前任山长冯敏昌在《端溪书院率诸生祭圣师文》中说道："道集群圣，统传一中……仰惟圣师，仁临如天。"端溪书院祭祀的文化价值主要表现在三个方面，一是祭祀先圣先师彰显儒学之本。端溪书院祭文强调了孔子作为儒学创始人的地位，强调了对儒家思想及核心价值观的认同与尊崇。二是祭祀先贤先儒标明学术旨趣。据清代赵敬襄《端溪书院志》载："乾隆二十二年丁丑（1757 年），郡守钱塘吴公绳年于亭后增建后楼，奉祀先贤。先贤楼奉祀，左右各十人。"[②]清乾隆时，先贤楼奉祀中左有陈白沙（陈献章）、李见罗（李材）、陈秉常（陈庸）等，右有黄泰泉（黄佐）、杨复所（杨起元）、湛甘泉（湛若水）等先贤先儒

---

① 赵克生，谢光荣. 端州风物［M］. 桂林：广西师范大学出版社，2015：146.
② 赵敬襄. 端溪书院志［M］. 南京：江苏教育出版社，1995：445.

共 20 人。"书院祭祀的人物，常常标志着书院的学术方向和学风。"① 三是祭祀杰出山长激励后学之士。书院奉祀在书院的发展史上特别有贡献、有名望、有学行的山长。如何通过端溪书院严格贯彻礼仪，从而引导、教化肇庆地区的百姓，林召棠在上任之前就有深刻的认识。他在殿试的"天下第一策"中就提到："崇儒重道，久且驯至乎太平；讲让兴贤，即以潜消其匪僻；建首善以励天下，而是行是训咸遵王道之荡平；端士习以振民风，而无党无偏悉纳群伦于轨物。"②

　　林召棠在端溪书院的另一个重要任务就是培养人才。具体来说，就是要让更多的生徒通过科举考试，谋求社会上升的通道。科举考试的内容一直在变，但在林召棠应试和从教时期，科举考试的主要内容是在第一场的四书和诗题，即时文和试律，也是林召棠的绝门功夫。尽管他的科举道路并不坦顺，但总体说来他是科举考试的最终胜利者。作为绝对的时文高手，林召棠在会试中所作的《入则孝出则悌守先王之道》堪称完美。他又有主持乡试的经历，对阅卷规则烂熟于胸，有"立诚辞达"的辨才观。状元头上的光环闪耀，兼具顶级写作能力与评卷经验，林召棠对端溪书院时文水平的发展有巨大的促进作用。而试律，也是端溪书院生徒的强项。早在全祖望时期，就定下研习试律的学规，试律是端溪书院的必修科目。乾隆十七年（1752 年），全祖望制定的《端溪书院讲堂条约》专设"习词章"条，嘉庆四年（1799 年），冯敏昌制定的《端溪书院学规》亦有关于试律研习的"诗赋宜究心"条，且两则条约都明确指明试律课程是为通过科举而设的。

---

　　① 陈元晖，尹德新，王炳照. 中国古代的书院制度［M］. 上海：上海教育出版社，1981：148.

　　② 邓洪波，龚抗云. 中国状元殿试卷大全：下［M］. 上海：上海教育出版社，2006：1770.

在既有的学规框架下进行试律指导，热衷于诗词创作、有诗人之名的林召棠更是熟稔于心，游刃有余。林召棠智力超群，饱学诗词文赋，熟读四书五经，通诵周诰殷盘，治学严谨，教育得法。

十五年时间里，林召棠心无旁骛，诵经讲史，旁征博引；吟诗作赋，仰天俯地。一些颇为他所赏识的学生，不仅气宇轩昂，饱读诗书，更重要的是有热情、富于正义感。这些学生先后有顺德罗惇衍（后官至尚书）、高要冯誉骧（后官至骑侍郎）……冯誉骧，道光二十四年（1844 年）进士，曾任山东、湖北学政，取士得人，后主讲应元书院，之后又出任陕西巡抚。其人学术渊通，清望重一时。出自林召棠门下，名气更大的则有顺德人罗惇衍，他于道光十五年（1835 年）成进士，选庶吉士，授编修，后督四川学政，官至吏部右侍郎、都察院左都御史、户部尚书、工部尚书兼武英殿总裁。他立朝正色，抗论时事，倡犯颜直谏，指陈利病，主张奖廉惩贪，崇俭禁奢，以蓄物力，呼吁臣将毋贪恋禄位，毋顾惜身家；事可行则行，毋泥成例；人可举则举，毋限资序；法可改则改，毋惮更张。他认为只有众多清正而有才能的官吏报效朝廷，才能反危为安，转乱为治。他为朝廷引荐了许多栋梁之材。当咸丰七年（1857 年）英法联军攻陷广州后，重孝在身的罗惇衍还奉旨为广东督办团练大臣，第二年在顺德开办团练总局，作抵抗外敌的准备。罗惇衍十分敬重林召棠，曾有《贺林召棠夫妇七秩晋一双寿联》敬赠。从罗惇衍的思想言行看，林召棠的弃私、纳谏、崇俭、不拘一格选人才等思想和爱国精神，对其都有深刻影响。学生们多是走上了仕途，而没有变成学问家，无他，因为老师不是单纯的学问家，而是内心热切关注时事、以出世为表的积极入世者，也因为林召棠教的不是钩沉索隐，而是治国理政的技能。

三、谦虚恭让，扶掖后学

一次堂上学习时，林召棠和学生们一起讨论应如何评价徐凝的诗。高要学生冯誉骧发言说："徐凝是唐元和年间的诗人，淡泊功名利禄，他的《忆扬州》为元稹和白居易所赏识。"但也有学生提出，徐凝多平庸之作，苏东坡读他的《庐山瀑布》，就称其为"恶诗"，请老师释读。林召棠微微一笑说，一位诗人的作品不可能都是精品，总是平庸之作居多。徐凝是这样，我辈亦是这样。林召棠侃侃而谈，自谦之语引得学生思维更加活跃："老师，元白与苏轼对徐凝诗作的评价，我们应如何看？"林召棠沉默片刻，神情凝重地说："有位士子，参加县学、府学、院学的秀才、廪生、拔贡考试，曾获十个第一，可他参加举人考试时五次落榜，进士考试四次不第。十个第一，人们都说他是'人才'，将来定能'暮登天子堂'。可是多次落第，人们又说他'朽木不可雕也'。……栽培十年之久，才水滴石穿……，终于夺冠。"①学生们从林召棠的神态中，知道老师在说自己的经历。说到这里，林召棠眼含热泪，一脸虔诚，向着高悬在书院墙壁上的孔夫子像，深深鞠了三个躬。林召棠通过讲述自己的故事，对唐宋诗人徐凝的诗作，作了深入浅出的说明。学生听得很认真，也为师者的情怀和睿智所深深折服。

在众多的弟子中，有位来自顺德的学生罗惇衍，年纪十五六岁，个头不高，身材瘦削，勤奋好学，背诵各种经史典籍，如天蚕吐丝，一页又一页。惊人的记忆力，让林召棠叹服。只是浓重的顺德口音，听之费神。罗惇衍的命题作文，收放自如，内容充实，常常第一个呈卷。林召棠阅其卷，读得一脸笑意，摇头晃

---

① 欧锷. 林召棠传 [M]. 北京：中国文联出版社，2009：96.

脑，召其嘉之，对其详尽教之，悉心栽培。罗惇衍为人精明，为师一点，一通百通，如种子饱吮甘霖，如秋实吸足阳光。从此诗文大进，下笔如春雨轻洒，纸上落花。[①]

四、寄情山水，寓教于乐

端州，岭西的一座大城，山清水秀，人文荟萃。七星岩、鼎湖山、崇禧塔、玉皇殿、三仙观、砚洲岛，都是读不厌、吟不完的诗章。阳春三月，天高云淡，莺飞草长，桃红柳绿，黄童白叟、仕女俊男，纷纷外出踏青。端溪书院新入学的学生也在山长林召棠的带领下出游。他们来自粤中、粤东、粤西各地，也有湖南、江西、广西的学生，均是敬慕老师才学而来的。林召棠和弟子们坐上快船，顺西江东行，远远看到鼎湖山，三峰并峙，中峰圆秀，两峰立左右，山麓分成三歧，有如三足峙鼎。学生们惊呼，此山真像个宝鼎。林召棠对学生解说，端州的府志中早有记载，此山顶上有仙湖。又传说黄帝铸鼎于此，所以得名鼎湖山。经老师这么引经据典说开，学生们游兴大增。大家弃舟登岸，沿着藤萝蔓绕的石径上山，大树如伞，灌木丛丛，幽涧疾流，野花杂果，点缀其间。行行走走，转到飞水潭前，一道瀑布从山顶飞流直下，如云崖中挂着一片抖动的白练，山下积水成潭，潭清水秀，林密风凉，那飞珠碎玉，扑入胸怀。学生们纷纷吟起"飞流直下三千尺，疑是银河落九天"的诗句。林召棠也诗兴大发，欣然写下了《游鼎湖观瀑布》诗二首，其中有句云："谁借并州刀，剪取半幅帛。"[②] 诗人把瀑布比作锦绣，借来著名的山西并州锋利的剪刀，剪其一段，带回家去，日夕观赏。

---

① 欧锷. 林召棠传 [M]. 北京：中国文联出版社，2008：100.
② 参见湛江政协文化史料委员会编《湛江文史》一书。

春去夏来，五月端阳，端州人以龙舟水上巡演的方式，祈求风调雨顺，保佑老少平安，共享端午佳节。整个龙舟巡演精彩纷呈、高潮迭起，呐喊声、战鼓声、波浪声交织在一起，令人振奋，浓浓的节日气氛扑面而来，人人都融入了传统节日的氛围之中。林召棠带学生到西江观赏龙舟。赛龙夺锦，锣鼓震天，林召棠避开热闹，与诗友黄培芳、彭泰来携书童游览七星岩。黄培芳、彭泰来都是晚清广东名士，并与林召棠交往甚密。黄培芳，藏书家。字子实，号香石，别号粤岳老人，广东中山人。嘉庆九年（1804年）副贡生，官香山教谕至内阁中书。以诗文知名，与张维屏、谭敬昭并称为"粤东三子"。黄培芳曾任肇庆府训导，参与重修《肇庆府志》工作，被誉为"岭南儒学"。彭泰来，文学家、书法家、诗人，字子大，广东省肇庆市鼎湖区广利镇龙头村人。清嘉庆十八年（1813年）拔贡，23岁入国子监读书，选为教谕。不久罢归，居家以文字自娱。人称其诗可与杜甫、李贺、韩愈诸家比美，书法隶、草俱佳。

是时为清道光二十一年（1841年）春天某日。林召棠、黄培芳、彭泰来等人走过湖堤，来到玉屏岩脚下。花岗岩石的山体，被罩在绿树浓荫中。到了山腰上的三仙观。三仙观建在悬崖之上，坐北向南，始建于明代万历十八年（1590年），内敬三仙，汉钟离居中，铁拐李居左，吕洞宾居右。仙像塑刻精致细腻、线条清晰分明，在山门前极目远眺，西江似练，星湖如镜，波光岩影，浑然一体。黄培芳诗兴大发，作了一首五言古诗《三仙观》，描写三位仙人虚缈愉悦的生活，祈求人间也能像仙境一样平和安好。林召棠狼毫蘸墨，左挥右舞，于是，在三仙观前，由岩磨平的石壁上，多了一景观——"状元书碑"。游星湖的人，爱到此处观赏诗书，拓墨保存，也有老儒、妇人，带着学童来抚摸"状元书碑"，寄托寓意好好读书。"状元书碑"已经成为岭南洋溢着书香的一块福地。

五、托砚言志，端静坚贞

端砚是广东一张精美的文化名片。中华文化中的笔、墨、纸、砚文房四宝以砚为首，四大名砚则是端砚排第一。端砚历史悠久，在1300多年历史中，积淀和承载着的厚重文化意蕴，成为广东省甚至中国历史文化遗产的组成部分。端砚从其诞生之日起，就一直备受文人墨客的赞誉。清代陈龄将端砚水岩（老坑）的特性概括为"八德"："……其一曰历寒不冰，质之温也；二曰贮水不耗，质之润也；三曰研墨无泡，质之柔也；四曰发墨无声，质之嫩也；五曰停墨浮艳，质之细也；六曰护毫加秀，质之腻也；七曰起墨不滞，质之洁也；八曰经久不乏，质之美也。具此八德，质已迈常。信为古今之瑰宝，可遇而不可求者也。"[①] 端砚有"八德"之风范，故其能在砚界独树一帜。

林召棠钟情端砚，推介端砚。曾为端砚收藏研究世家增生（即秀才）何传瑶所著《宝砚堂砚辨》作序，为其《何石卿鉴石图》题诗。并将何传瑶之专著，比喻为春秋时精铸剑、相剑的"风胡、薛烛相剑之文"。是"砚之董狐"，即像史识超群的董狐那样，是砚史中的良史。尽管只是对何传瑶及其家族的称道，但是置于端砚之乡的环境，端砚著述中本地人创作甚少的时代背景下，林召棠此举不啻为砚乡发出呐喊声。他所作的砚铭有三十余则，以博览群书，蕴积传统文化精义的涵养，给形形色色的砚台赋予启迪心智的哲理，进行深度的提示。端砚文化既是一种器皿文化，也是一种精神文化，是器皿文化和精神文化的统一。林召

---

① 卫绍泉，谢敬文. 收藏端砚 ［M］. 广州：岭南美术出版社，2014：186.

棠深刻揭示了端砚所蕴含的深邃的文化精神。从作端砚铭的角度看，如果说大名鼎鼎的纪晓岚是京城第一家的话，林召棠则是岭南第一家。"砚铭，是指在砚台上雕刻铭文，古人大多把格言、诗句、警句作为砚铭，奉为自己的行为准则，并时常激励自己要躬体力行。镌刻文字图案于砚台上，增加了砚的文化内涵，这一别具一格的文化符号，集文字、书法、金石、篆刻、美学、哲理于一炉，是高度浓缩的砚艺文化积淀"。[①]林召棠精于诗词，工于书法，端砚天然优质的石品、蕴意丰富的质地，为林召棠提供了一展才华的用武之地。他著有砚铭三十余则并为之作序，这在岭南无出其右者。林召棠所作有关端砚的诗、文、铭、序，涵盖着十分丰富和深刻的内容，为端砚文化的充实和发展，作出了重要的贡献。林召棠是端砚的收藏家和鉴赏家。他在《砚铭序》中说："人生，寄耳。寄情于文，寄文于书，寄书于砚，尤寄之寄也。"[②]人生总要有一种精神寄托。作为文化人，将自己的思想感情寄托在文章里面，文章寄托于书写之中，书写则寄托于墨砚之上。砚则是寄托中的寄托。中华文化有厚德载物的优良传统。林召棠在《括囊砚铭》中有"多识蓄德"之句。他认为，"端静坚贞"乃石之德。这种石德和中华传统文化"富贵不能淫，贫贱不能移，威武不能屈"的精神是相契合的。廉洁堪称官德之首。他在《田砚赠崔闻卿贤侯先生并系之以铭》中说："屏以慧镜，涤以廉泉"[③]，劝为官者保持清廉美德。召棠公为人尚气节、淡仕宦，重工农、怜贫苦。其虽淡泊名利，却心系国家之安危，胸怀

---

① 任漫丛. 论端砚铭文: 书法（J）. 肇庆学院学报. 2010（1）：48-49.

② 林卓才. 斗南一老: 岭南状元林召棠传［M］. 广州：广东人民出版社，2012：112.

③ 林卓才. 斗南一老: 岭南状元林召棠传［M］. 广州：广东人民出版社，2012：155.

黎庶之忧乐，毕生践行报国之志。他的《秋叶砚铭》云："秋风入林，一叶翩然。悟春花之难驻，喜秋实之已坚。"①同悲秋心绪相反，这里展现出一种生生不息的乐观精神。在《又钟砚铭》中："洪钟万钧，蓬撞无声，无声声存，勿羡缶鸣。"② 传达出一种辩证思想。这种对"无声声存"，无声胜有声的认识是十分深刻的。道光十四年（1834年），适端溪开坑取石制砚，林召棠即购数十种，择其中四砚作铭而分四遗四子。此四砚铭，今人曾特主编的《历代名人端砚诗歌铭文选》一书见收。

六、家事国事，事事关心

林召棠在端州执教，把秀丽的端州城当作自己的家乡，并没有如闲云野鹤，而是身居书院，心系天下，倡导慈善行为，关心民众疾苦。特别是在端溪书院之外，对肇庆的社会文化教育作了大量的宣传和推动工作，至今留下深具价值的遗迹。林召棠与士子以及其他知识分子交往广泛，平易近人，不摆"殿撰"（即翰林院修撰）架子。既接待来问学访谈的人士，又适当应邀到山野胜景中参加文会诗会。广利镇龙头村人彭泰来是一位文学家、书法家、篆刻家和诗人。林召棠与彭泰来交往甚密，曾题"天问书屋"刻匾以赠。一次彭泰来探访林召棠而得以"留饮"，写下诗二首，感触深长："几年多士尊模楷，此地名山孰主宾？郭下清江三百里，宫衣不点五羊尘。"意思是说，士子们多年以来尊敬这位模范师长，他身为山长，而本地多名山，到底谁是山的主人？山的客人？肇庆城下清澄的江流三百里就是五羊城，可是

---

① 林卓才. 斗南一老：岭南状元林召棠传［M］. 广州：广东人民出版社，2012：112.

② 曲文军. 汉语大词典词目补订［M］. 济南：山东人民出版社，2015：397.

"殿撰"不去广州，肇庆受惠了。居留肇庆的 15 年期间，林召棠留下不少碑记、题书、对联、砚铭，其中不乏深具价值之作。

1. 崇廉洁，书录包拯诗

说到古代端州绕不开的一个历史名人就是包拯。包公是肇庆所有官员的首称名宦。他具有清廉刚直、勤政爱民的品德，在肇庆老百姓心中树立了一座丰碑。包公曾在郡守府第（俗称宋城红楼）的墙壁上，题写了一首诗《书端州郡斋》：

> 清心为治本，直道是身谋。
>
> 秀干终成栋，精钢不作钩。
>
> 仓充鼠雀喜，草尽兔狐愁。
>
> 史册有遗训，毋遗来者羞。

端州城流传下来的包拯诗仅此一首，可谓吉光片羽，却成为包拯一生为官做人的光辉写照。包公勤政爱民的思想对林召棠产生了深远影响。清道光年间，砚洲包公祠始建，包公像上石制碑，林召棠欣然在其右方书录包公当年在端州时创作的《书端州郡斋》诗，并加题记："公守端州时，作诗题郡斋，罗郡昭节摹公像刻石，即书右方以志景仰。"林召棠把包公存留的唯一诗篇紧贴包公像，使诗中精警铿锵的要言妙道与其庄重、雍容、儒雅的仪形神采映照，以表达自己对包拯深深的景仰之情。将包公的仪形与心志诗并举齐观，不仅显得书法端庄渊雅，给人以视觉上的怡悦，并且加厚加浓了包公的人格魅力和精神感召力，唤起后人对他深挚的景仰。前代也曾有文士、官员入包公祠拜谒，然后吟诗撰文，抒发思慕的情怀。林召棠在撰文中向从政者宣扬"廉明""廉惠""廉正"的思想。他退隐故里后，有一次经朝廷批准，发给他盐围补给银，他在诗中表示："右粥左飧仍故我，无劳再赐大官钱。"分文也不领取。清正廉洁的信念牢固，面对包公的遗像，触像而油然诵诗，激发景仰，为社会教化留下了熏陶性灵的范例。

2. 兴水利，刻碑景福堤

端州府城旁边是浩荡的西江水，有时它平静恬逸，造福于民；有时怒目裂眦，祸害黎民。若遇上游大雨，积水成灾，洪峰如山，铺天盖地，冲破护城的景福堤围，卷走房舍，吞没庄稼，残害人命。道光十二年（1832年），盐运使王云锦巡视端州，见江堤破败，难以防洪，即捐银万两，组织民工培土加固江堤，砌石护堤，经历十年的辛劳，完成府城沿江桂林堤的铺石工程，松软的江堤穿上这身"石甲"，抵抗住了一年又一年的洪流袭击，保护了端州城的安全。林召棠高兴地写下《修培景福围桂林堤加石工记》一文，又仔细用楷书书写，让工匠们刻在四块端石上，立于堤旁。赞扬王云锦"视民之事，如饥渴于饮食；去民之患，如疼痛之在其体"，呈现出一位鲜活的尽瘁为民的官员形象。肇庆市民曾为王云锦建生祠，林召棠此文也被制于碑上，存于祠内，祠毁幸而碑存。林召棠褒扬民众的努力，"如矢激于机，迅驶不可遏；如河注于海，百折而必达"。与民众一起，为江堤修复铺石而欢庆："咸歌舞之，既崇既固，惟民之依，有田有庐。"林召棠那颗悬在江波浪尖上的忧民之心，终于安放了下来。

3. 疾民苦，撰联那黄岭

林召棠关心水势，也关心山民。端州府高要县那黄岭村人吴昭念，见乡人去一趟高要县城需要翻过崎岖的山路，于是蓄资雇工，劈山削岭，搬石填洼，开通了四里长、七八尺宽的大道。并在山路高处筑亭，置茶水，让赶路人冬天喝热茶，夏天饮凉茶。这样一件好事，林召棠听到后十分高兴，写了《肇庆那黄岭茶亭记》，赞扬吴昭念"独任济物，为德甚巨"。修路、造桥、舍粥、施茶，与施医济药、救火救灾一样，皆是中华民族的美德。林召棠还在茶亭的柱上题了两副对联：

"有甚忙来，走不尽万里长途，劝君且留余步；

终须过去，抛得下一条重担，为我及早回头。"

"四大皆空，坐片刻无分尔我；

两头是路，饮一杯各自东西。"①

对联语言通俗易懂，风格幽默诙谐，内容又充满情趣哲理，行人在一笑之间，去倦除劳，得到乐趣。

4. 禁鸦片，力挺林则徐

在林召棠任端溪书院山长期间，爆发了一件震惊中外的大事——中英鸦片战争。林召棠在学生大比（三年一次的科举考试）之年，也会到广州探亲会友。看到街道上烟馆林立，林召棠唏嘘叹息："鸦片不绝，国无富日。"林召棠通过与癸未科进士同年的黄爵滋的书信往来中也了解到，"道光元年（1821年），中国的白银每年流出国外九百万两，至道光十一年（1831年），每年流出一千七百万两"。② 天文似的数字，读得林召棠心惊胆裂：这何止是白银，是老百姓的鲜血呀！这样没日没夜地流，珠江水也会流断呀！道光十八年（1838年），朝廷任命林则徐为钦差大臣，开始了历史上最大规模的禁烟运动。林召棠在翰林院任职时，与林则徐有诗书交往，林则徐对林召棠甚为尊重，所以林则徐在广东禁烟时，向其咨询禁烟大计和民生吏治之事。知状元林召棠素为乡梓仰恭，感其孝母，悌爱兄弟，挥墨赠联于林召棠："彩衣荣似三公衮，珂第祥留五色云。"林召棠全力支持林则徐禁烟抗英，祈望钦差大人禁烟清源，拔草除根。林召棠还赋诗一首《辛丑元

---

① 欧锷. 林召棠传［M］. 北京：中国文联出版社，2008：111.
② 欧锷. 林召棠传［M］. 北京：中国文联出版社，2008：113.

旦》，诗云："上将虎符新授钺，小夷螳臂敢称兵；何时朱鹭铙歌典？谱入嵩呼雅颂声。"① 在这里强烈地表达了对禁烟抗英战争胜利的期盼，爱民忧国之情溢于言表。

林召棠主讲端溪书院，为岭南培养了不少人才，成绩卓著。其次子林诒薰在《先考翰林院修撰苇南府君行略》中说，"府君主讲端溪学院凡十五年，与诸生研究经义，务为实学。一时英彦多出其门下"。出其门下者，朝廷就有尚书、御史等文武官员 30 多人。

第三节　林召棠的教育思想

林召棠之所以能够对岭南教育事业作出如此重要的贡献，除了他学识渊博，能为人师表之外，还同他重视教育有关。他在殿试对策中明确指出"致治本于育才"，办好学校，搞好教育实为"致治之首条"。此外，他有正确的培养和选拔人才的标准，那就是"修身践言，读书经世，他日处为端士，出为良臣"。这也是他教育工作能取得成功的重要原因。概括起来，林召棠的教育思想至少有以下几个重要方面：

一、"致治本于育才"的教育观

林召棠出身书香门第，"科甲名宗"。其家乡湛江吴川又比较重视教育，有"吴川水月起高台"的说法。他对仕途不过分追求，对文化传承充满激情。他对教育的理解，突出表现在他道光三年（1823 年）癸未科殿试中的"天下第一策中"。面对道光皇

---

① 林卓才. 斗南一老 岭南状元林召棠传［M］. 广州：广东人民出版社，2012：125.

帝关于"学校者，人才之本，风化之原也"的策问，林召棠在对策中，开门见山地提出"致治本于育才"①，进而阐述道："此诚致治之首务也。"开宗明义地把教育的重要性提高到治国理政的根本和首要任务上。国家的兴旺，关键是人才；人才的培养，关键是教育。这样的认识水平，远远高于"崇学，所以明伦""教育者，兴贤之本"等同科贡士在对策中的观点，博得了阅卷官的喝彩和道光皇帝的赏识。林召棠在殿试中对教育是这样阐述的，更是毕其一生精力身体力行之。在准备科举考试的日子里，他就在学馆里开始收徒授文。高中状元之后，林召棠淡泊名利，不愿做闲官、冷官，宁愿舌耕讲坛，精心育桃李。在端溪书院山长位置上一做就是 15 年。这是他人生中担任固定职务以来任职时间最长的一次。退隐之后，他更是关心家乡的教育事业，设立教育基金，培植后人。

二、"仁义本于孝悌"的德行观

道光三年（1823 年），林召棠参加京师礼部贡院会试时，在《入则孝出则悌守先王之道》中说"行己尽伦，而道统有攸托矣。夫道在人伦，孝悌其大者也"，明确提出孝悌乃伦理道德之首位，是治国的基础。接着林召棠进一步指出，"且夫天经地义之著于古今也，其理原于天，其事成于圣，而敦行不怠者，必赖末流特立之大一人"。林召棠从自己躬行践论，到引经据典，引古证今，最后说"先王有知，此绵绵之绪，彼后之学者，由孝悌以求先王之道，非卞者之功也哉！"首先，入则孝，出则悌，这本身就是林召棠的行为，是其一生为人践行的道德准则，所谓文为心声，

---

① 林卓才.斗南一老：岭南状元林召棠传［M］.广州：广东人民出版社，2012：99.

文如其人，此之谓也。林召棠把自己的实践行为上升为理论，回应当世的思想道德问题，其深度、广度和高度都是其他举子难以企及的。其次，当时的清廷经过康乾盛世后，人心不古，贪腐横行，朝纲不振。道光皇帝登基后，雄心勃勃，想重振朝纲，欲重铸"康乾盛世"。欲达此之目的，首在思想道德教育，规范臣民行为。通观林召棠《入则孝出则悌守先王之道》全篇，其字字句句都说到了道光皇帝的心坎上，故道光皇帝御阅林召棠考卷时，击节叹赏，不忍释手，至诵读有声。再次，林召棠在修德方面，以周濂溪的"出淤泥而不染，濯清涟而不妖"为圭臬，既是对弟子学问、人品之倡导，更寄托对后学之期许。教育生徒智德并重，"专务读书植品，尤以骄侈贪缘为戒"。[①] 虽说不恋官场，但林召棠比较关心国家大事和民间疾苦，同情弱势群体。对禁烟、赈灾、社会公益事业等活动，他都大力支持，并身体力行地积极参与，表现出了很强的社会责任感。[②] 坚守正直做派，清廉自持，淡泊名利，恪守孝道。有这样的楷模，自然"门生多俊才""人之望公，如斗如山""文章风度，渺不可追"。

三、"读书经世"的知行观

"清初思想家在反省历史文化传统时，有一个共同趋向，就是竭力张扬儒学'实学'传统"，"讲究实学，强调务实，是包括儒学在内的中国文化的一个基本精神。"[③] 在儒学领域，康熙朝完全摒弃晚明泰州学派激进自由的思想，而重倡宋代理学，特别强调社会阶序与遵从礼制的部分。此种发展的高潮代表是于1713

---

① 季啸风. 中国书院辞典［M］. 杭州：浙江教育出版社，1996：468.
② 王离京. 大清状元［M］. 济南：齐鲁书社，2014：224.
③ 冯天瑜，何晓明，周积明. 中国文化史［M］. 上海：上海人民出版社，2005：657.

年及 1715 年由朝廷出版、理学名臣李光地所编纂的《朱子全书》与《性理精义》，不过此复古理学也自有创新之处。宋朝传统中思辨性的宇宙论因素与对个人成圣的追求饱受忽视，转而强调理学中解决经济、政治与行政管理等实际问题的创造性追寻，这部分后来被发展为实学与经世之学。"乾嘉以后，国势日弱，民生困穷，内忧外患接踵而至，因而有旨在挽救社会危机的经世致用思潮再度兴起。"①其代表人物是龚自珍和魏源。而实际上林召棠在继承实学的基础上提出"读书经世""通经致用"并不在他们之后。早在道光三年（1823 年），林召棠在殿试对策中就有"研经而砥行"的提法。后来在道光十一年（1831 年），他在《陕西乡试录序》中又进一步说："惟欲因文而求其所以为文者，庶几修身践言，读书经世，他日处为端士，出为良臣。"离京返粤到端溪书院任山长时，林召棠继续贯彻这种通经致用、务求实学的精神。在应对僵化的科举过程中，实学是较为务实的策略，实学即经世致用的治国安邦之学，断非困守书斋只读四书就能实现。纵观林召棠科举历程，虽非一帆风顺，但这期间为生计奔走、读书谋生交替以及观摩恩师程国仁从政经验，恰好让他将学问与社会、朝政紧密结合。在一所书院中，山长的高度能决定书院高度。可以说在举手投足间，林召棠给予了端溪学子潜移默化的影响。一直到他离开端溪书院后的道光二十八年（1848 年），虽然已经收迹山林，但在他所写的《高州学府建尊经阁记》中继续强调通经致用。他写道："阁成，信宜梁君毅射策甲科入词恒，适应文明之运，此槁矢耳。他日通经致用，上副圣天子作人之化，崇德广业，为醇儒为良吏，彬彬乎三代之隆，皆自尊崇经术之基

① 卢钟锋. 卢钟锋文集［M］. 上海：上海辞书出版社. 2005：499.

也。"①由此可见，林召棠始终是立于主流学术思想潮头的。这种思想，在端溪书院的 15 年，也只会不断升华与发展。

四、"立诚辞达"的辨才观

主持科举考试，首先要正确认识国家开科考试的目的。林召棠认为，开科考试不是为了促使天下之士趋于文艺，而是通过士子写的文章考察其作者，从而能够选择到"修身践言，读书经世，他日处为端士，出为良臣"的人才。但是科举考试又必须要通过文章来选拔人才，因此就要正确认识文章与作者的关系。文章不是装饰品，作文不是学生的学习目的。而考官可以通过文章考察作文者。因为"士束发受书，覃研圣经，考证史传，其于是非邪正之分，废兴得失之故，罔不推求其蕴，因而纾发于文"。所以考官能够通过文章判断考生分清是非邪正、认识废兴得失根源的能力。看文章还可以看出考生的人品。有的人想在科举道路上走捷径，希望用浮艳的文章来掩人耳目，这样的文章就是虚伪做作，其作者就更不用说了。本来，作文的正确态度是"修辞立其诚，又曰辞达而已矣。有诸内而形诸外者，谓之诚。明于心而畅于言者，谓之达"。所谓立诚就是表里如一，言行一致；所谓辞达就是明于心而畅于言；两者之间，"诚"是前提，言辞求工则愈是不达。至于如何通过文章来看为文者，林召棠提出了四个方面来评卷察人：以"于其发挥义蕴，冀以观其志识；于其敷陈事理，冀以验其为猷；于其立论正大，冀其性质之不偏；于其字体端严，冀其持躬之不苟"。简而言之，就是要通过作文去考察考生志向、才能、品格和态度。只有这样，才能选拔出好的人才。由此可见，林召棠的量才玉尺是相当精准的。道光十一年

---

① 参见吴川市吴阳镇霞街村编辑组撰写《状元林召棠著作拾遗》一书。

（1831 年），林召棠任陕甘乡试主考，在所取的六十五名举人中，有包括解元于光甲在内的十一人考取进士，可见林召棠的"慧眼识珠"。林召棠欣赏于光甲的书法，铁画银钩，布局潇洒，行笔自如。当于光甲向恩师礼拜时，林召棠夸他说："汝习柳体，形似神逸，变化有度，已得其真谛。用笔在心，人正则笔正。"①

五、"不拘一格"的用人观

道光十一年（1831 年），林召棠在向皇帝呈《陕西乡试录序》中提到录取举人时说："惟其理之是而不任私心，惟其文之醇而不拘一格。"② 不任私心，不拘一格，两端并举，作为取士标准，在当时科场腐败、压抑人才的社会环境下，林召棠提出并坚持这两条是难能可贵、见地独到的。不拘一格选人才的思想，实际上也是龚自珍"不拘一格降人才"的思想。因为龚自珍的"九州生气恃风雷"的名句比林召棠的《陕西乡试录序》晚出八年，并且无论从时间还是职务上来看，龚自珍都应看到了林召棠的《陕西乡试录序》。林召棠是这样说的，也是这样做的。若干年后，他的门生张苢，曾任广东巡抚，有联相赠，赞扬其师身上蕴藏着一种深厚的黄土高原操行。林召棠"不拘一格"选人才观点的提出，必定有其针对性，其矛头所向，自然是当时的科举制度。林召棠有诗曰："夕露落芙蓉，严霜凋桂枝。"③ 这就是说，科举考试简直就是严霜，摧毁花木。林召棠关于压抑人才制度的批判和不拘一格选人才思想的提出，是同他的际遇有关的。林召棠自幼

---

① 莫高义，张东明. 发现侨乡·广东侨乡文化调查之二 [M]. 广州：广东人民出版社，2014：161.

② 欧锷. 状元林召棠 [M]. 西宁：青海人民出版社，2003：20.

③ 林卓才. 斗南一老：岭南状元林召棠传 [M]. 广州：广东人民出版社，2012：87.

聪明，学识渊博。但他自己说，"六次乡试始及举人，五次会试始成进士，何其艰也！"即使中了状元，例授修撰，后来也"仕无寸进"；只要进士被任命为中书，也有此出任乡试主考的资格，根本谈不上重任；加二级为奉直大夫，也只是个闲官、冷官。在这种情况下，对于压抑人才的环境，自然也就会有切身的体会。林召棠既是科举考试选才的胜利者，也是封建制度用人观的受害者，所以他"不任私心，不拘一格"的用人观，不能不说是对几千年唯亲是举劣习的竭力呐喊。

从中华传统文化传承的角度看，林召棠于清中叶，堪称"斗南一老"。他既是名满全国的状元，又是教育家和岭南诗人。他一生坚持自强不息、爱国爱民、贵和尚德、清廉节俭、尊师重教、热心公益的精神品格，在教育事业、传承文化精神、诗坛咏唱、方志谱牒、砚铭砚史等方面都为岭南文化作出了重要的贡献。何廷谦曾赠横额"斗南一老"，这四个字可以说是对林召棠这位清中晚期广东文化名人的形象作了准确定位。①

---

① 林卓才. 斗南一老：岭南状元林召棠传 [M]. 广州：广东人民出版社，2012：144.

第六章

理学名儒梁鼎芬

第一节　梁鼎芬生平概述

梁鼎芬（1859—1919），字星海，号节庵，广东番禺（今广州市）人。中国清末民初著名学者、藏书家、教育家，诗词家、书法家，曾为张之洞的重要幕僚，历任武昌知府、武昌盐法道、湖北按察使、署布政使，赏加二品衔。光绪三年（1877 年），中顺天乡举人；光绪六年（1880 年），殿试以二甲三十二名中进士，授翰林院庶吉士，光绪九年（1883 年），任翰林院庶吉士期满，授翰林院编修，享七品衔。1885 年，因弹劾慈禧太后宠臣李鸿章六大可杀之罪，被定以"妄劾"罪，连降五级至从九品，为太常

梁鼎芬

寺司乐，自刻"年二十七罢官"小印，愤然辞官回乡。后受张之洞聘用，历任丰湖书院、端溪书院、广雅书院、两湖书院、钟山书院山长以及辅助张之洞兴办湖北近代教育。清帝逊位后，与陈宝琛同为末代皇帝溥仪的老师，被授予"毓庆宫行走"。

梁鼎芬自幼聪慧过人，3 岁跟从叔父竹贤公读书，能"日识二十余字"；4 岁习读《诗经》，5 岁起由其母张夫人"日授《毛诗》数章"①。因其悟性极高，又勤奋好学，学业进步飞快。6 岁时，其父梁葆谦随意出题"汉代功臣先邓禹"命其作对，梁鼎芬

---

　　① 吴天任. 梁鼎芬年谱［M］. 广州：广东人民出版社，2018：3.

当即回答"孔门弟子首颜渊"①，其父倍感欣慰。然其6岁丧母，12岁丧父，无奈寄养于姑姑家。他曾求学于著名的菊坡精舍山长陈澧，并得到自己舅舅翰林院编修张鼎华教诲，形成耿直好学之性格，成就学富五车之才学。在梁鼎芬遗墨中，有一道书于宣统年间的谢恩奏折，其中写道："伏念臣从学于五品卿衔菊坡精舍山长臣陈澧之门，又得母舅翰林院编修臣张鼎华随事教诲为人为学之道。"②足见，此二人对他影响甚大。

一、生活背景

梁鼎芬一生颇有争议，其行为充满着创新又蕴含着守旧，究其原因，与其生存生长环境有莫大关系。马克思和恩格斯曾言：人与环境之间具有双向互动性，其具体表现是人能够创造环境，但环境同样也能够制约和影响人，人与环境的发展是同步的，作用也是同时的。影响梁鼎芬思想发展的环境主要有以下四个方面：

其一，家庭教育甚严。父母是孩子成长的首任教师，直接深刻影响着孩子的成长。梁鼎芬出身于数代官宦之家，实乃书香门第之后。其曾祖父梁智容，官至湖北按察使，赠太子少保。祖父梁国瑞，为道光二年（1822年）广东乡试举人，书法家，应礼部试。其父梁葆谦，以县试第一为生员，而后主事于改捐同知。梁鼎芬母亲张氏，亦出身于官宦世家。曾外祖父张维屏，曾作长诗讴歌抗英，以诗闻名海外，世称"南山先生"，于道光二年（1822年）中进士，曾任学海堂学长。维屏子祥鉴、祥晋，侄祥

---

① 政协武汉市委员会文史学习委员会，编. 武汉文史资料文库［M］. 武汉：武汉出版社，1999：149.

② 参见梁鼎芬奏折两道。

芝俱举人。祥晋有子清华、鼎华，同入词馆，时人有"五世科甲"之誉，其中，张鼎华为当时京师名士，对梁鼎芬影响至深。张鼎华，字延秋，才学广博，强记过人。咸丰八年（1858年）中顺天乡试副榜贡生，年仅13岁，被称神童。咸丰十一年（1861年）中举人，官内阁中书，光绪三年（1877年）中进士，改翰林院庶吉士，曾任职军机处，是久居京官的耆宿，也是京师久负盛名的学者，还曾主讲越华书院。光绪十一年（1885年）任福建副考官，所取多为知名人士。然年仅40岁，病卒，尤为可惜。张鼎华生前非常关注京朝风气、近时人物、各种新书、新学以及道光、咸丰、同治三朝的掌故，还热衷于提携后辈，除有助于外甥梁鼎芬外，还开导启发了年轻时的康有为，后者在《自编年谱》中回忆道："吾自师九江先生，而得闻圣贤大道之绪，自友延秋先生（张鼎华），而得博中原文献之传。"①

出身于传统士大夫世家，梁鼎芬自幼接受传统文化的熏陶，恪守传统儒家文化礼俗。幼时，其父就以"日以报国显亲为志"②对其进行教育，梁鼎芬自小酷爱读书，爱不释手，非常用功，希望日后考取功名，登科入仕。其父梁葆谦非常关注时事，赋诗行文常多关涉时政。梁鼎芬幼时热衷于听父辈们议论国计民生，抨击社会积弊。1870年，梁葆谦到湖南任职时不幸去世，嘱托儿子"勉其奋力苦读以求仕进，继而尽忠于朝廷"。这对梁鼎芬影响深远，在梁鼎芬的文咏志诗中多有体现，如"赤心能报主，白发不求时""平生慕忠节，余子扇芳馨"③ 等，均体现着忠君励志情

---

① 张启祯，周小辉. 万木草堂集［M］. 青岛：青岛出版社，2017：282.
② 吴天任. 梁节庵先生年谱［M］. 台北：艺文印书馆，1979：238.
③ 杨敬安. 梁节庵（鼎芬）先生剩稿［M］. 台北：文海出版社，1991：62.

怀。他还以其父遗言自勉，如"遗言在耳痛定省，忍死遂受人间污"①。此外，其母张氏的言传身教对其亦颇有影响，至晚年他仍言"不忘母教，尽忠酬获笔之劳"②。

传统的家庭教育使梁鼎芬树立了多读书、读好书，投身科举、忠君报国的信念。他18岁时中举人，22岁中进士。他处处彰显着为国为民之心，居庙堂之上，他忧国忧民，痛恨吏治腐败和丧权辱国。他不畏强权，多次弹劾清廷要臣，1884年弹劾李鸿章"丧权辱国"，1906年弹劾直隶总督袁世凯"谋权"和庆亲王奕劻"受贿"等。处江湖之远，他投身教育二十余载，为国家勤恳培养人才，正如他曾言："诸生各奉父兄之命，殷殷来游，有一院之责，便当办一院之事，置之不教，教之不详，来日旷职也。"③他非常重视读书，认为"有书可读，坐想数千载人才"，所到之处，几乎均有藏书。他还开办私人图书馆，供大众读书以培养人才。他死忠于清廷，哪怕两度被迫辞官，仍然奉行"忠君"信念，当光绪和慈禧去世时，他"奔赴哭临，越日即行"，甚至还支持张勋、袁世凯复辟帝制。

其二，家庭巨变影响。在梁鼎芬勤奋好学，学业进步飞快时，悲剧悄然而至。6岁时，其母张氏离世；12岁时，其父病逝。这些经历使其身心遭受重创，"吉士公自张太夫人逝后，每年此日不乐""苦忆孤儿少时月"。家庭的变故使梁鼎芬连温饱都难以自足，不得已求助于姑姑抚养，"贫丧千里兼幼弱……艰难

① 胡翔龙. 广东历代书家研究丛书·梁鼎芬［M］. 广州：岭南美术出版社，2017：18.
② 杨敬安. 梁节庵（鼎芬）先生剩稿［M］. 台北：文海出版社，1991：42.
③ 黎仁凯，等. 晚清四大幕府丛书：张之洞幕府［M］. 北京：中国广播电视出版社，2005：179.

待尽命不尽，家乡乞食从诸姑"。①

然而，对于其父的期望和嘱咐，他则时刻牢记在心头，"九原从父志罔渝""遗言在耳痛定省"。爱迪生曾言："伟大人物的最明显标志，就是他坚强的意志，不管环境变换到何种地步，他的初衷与希望仍不会有丝毫的改变，而终于克服障碍，以达到期望的目的。"人生的悲剧并没有打败梁鼎芬，而是转化为他奋斗的动力，使他更早熟、更坚强，"五年荏苒忽长大"。在母亲病重期间，年仅 6 岁的梁鼎芬践行着孝道，他对母亲"持方量药，手煎以进"②，照顾体贴，细致入微。逆境中的梁鼎芬，更埋头勤学，以求高中科举，进而忠君报国、光宗耀祖，同时也形成了耿直、坚韧之性格。

其三，名师陈澧熏陶。1877 年起，梁鼎芬求学于著名的菊坡精舍，拜师于陈澧门下。陈澧（1810—1882），广东番禺人，当时著名的经学大师，曾任广州高等学府菊坡精舍山长 15 年。他是通晓天文地理、乐律算术、骈文填词的岭南大儒。钱穆曾评陈澧，"晚清次于曾国藩的第二号人物，学术史上主汉宋兼采，力主新式学风"。他的思想极为开明，观点立场明确。一是，不为门户偏见，所学会通汉宋，"读诸经注疏子史及朱子书，日有课程"③。著书立说旨在"通论古今学术，不分汉宋门户"④。二是，着眼于实际问题，追求经世致用，讲究务实，认为读书要济于天下。三是，非常重视传统儒学和修身养性。认为《孝经》"为道之根源，艺之总会""天下事事太平安乐，而惟孝之一字"⑤。他

① 吴天任. 梁鼎芬年谱［M］. 广州：广东人民出版社，2018：4.
② 吴天任. 梁鼎芬年谱［M］. 广州：广东人民出版社，2018：4.
③ 支伟成. 清代朴学大师列传：上［M］. 长沙：岳麓书社，1986：284.
④ 朱维铮. 近代学术导论. 上海：中西书局，2013：116.
⑤ 陈澧. 东塾读书记［M］. 上海：商务印书馆，1933：1，3.

要求学生学问与人品兼修，"行己有耻，博学于文""笃行立品"①。梁鼎芬深受陈澧教诲，在治学方面，喜读"朱文公语录诸书"，又"服膺于司马温公《资治通鉴》"。他的诗浸润于晚唐、北宋之间，追求博古通今，认为"善为学者不立门户，不衿独得，先熟经文，复取诸家之说，择善而从之"②。治学以经世致用为目的，坚信"读书扶世运，讲学出人才"。在他制定的"读书约"中强调："读经有二语，一、经明行修，二、通经致用。行修为己也，致用为人也。"③他还非常重视自己的气节修行，指出"立身需正大，治事要精详""媚骨难凌雪，贞心自耐冬"④。他知恩感恩，张之洞死后，他亲往送葬至南皮，一路高声痛哭；他和睦兄弟，对于未留子嗣的弟弟梁鼎番，不仅善待其妻子，还把自己的儿子过继给他；他"忠"字当头，不事民国，愚忠于亡清"平生慕忠节"，坚持"忠臣不事二主"。他还积极投身教育，全力辅助晚清重臣张之洞筹办农务、工艺、军事、师范等各类新式专业学堂，以迎合当时中国之需求，体现了经世致用精神。

其四，时代环境影响。梁鼎芬生于晚清中国由古代迈向近代的大变革时代，面临中国千年未遇之形势。当时，清王朝已江河日下，在列强侵略、农民起义和资产阶级革命的冲击下，清廷统治岌岌可危。面对着内忧外患，素以匡时济世为己任的封建传统士大夫，如林则徐、魏源等，倡导崇尚实学，讲求经世致用。时任皇帝道光亦要求士大夫们"通经致用，有治人而后有治功，课绩考勤，有实心而后有实政"⑤，"经世致用"思想逐渐成为一股

① 支伟成. 清代朴学大师列传：上 [M]. 长沙：岳麓书社，1986：284.
② 吴天任. 梁节庵先生年谱 [M]. 台北：艺文印书馆，1979：56.
③ 梁鼎芬. 节庵先生遗稿 [M]. 私印本，1973：93.
④ 杨敬安. 梁节庵（鼎芬）先生剩稿 [M]. 台北：台北文海出版社，1991：65.
⑤ 清宗实录：卷38 [M]. 北京：中华书局影印本，1986：343.

顺应时代发展的潮流。十九世纪六七十年代，在奕䜣、曾国藩、左宗棠、李鸿章、张之洞等的推动下，洋务派践行了"师夷长技以制夷"思想，提出了"中学为体，西学为用"的主张，学习西方先进技术，兴办了一大批近代军事工业和民用工业，创办了新式海军和京师同文馆等新式学堂，以抵制西方列强侵略，迈出了中国近代化的第一步。随着"新学""西学"不断传入中国，极大冲击了人们的传统观念。

此外，在民族危机和内部争权夺利中，十九世纪七十年代产生了清流派。清流派的大部分成员由御史言官和翰林学士组成，以"敢于弹劾大臣为贵"，维护封建统治和国家利益。代表人物有李鸿藻、张之洞、翁同龢、陈宝琛、张謇、梁鼎芬等，他们的主张有改革吏治、洋务思想、恤民思想、改革教育、伦理修养等。清流派一群具有忧患意识的士大夫，在面临民族危机时，直面现实，反对侵略，表现出爱国情怀。他们如洪流般的清议曾给予朝廷巨大的压力。他们抨击李鸿章在甲午中日战争中的退避政策，与维新派共同推动百日维新等。然而，他们缺乏实践经验，部分想法脱离实际，亦有一定的局限性。

梁鼎芬正是在晚清大变革的复杂多变的环境中成长起来的官僚、学者、教育家，具有明显的时代特色。他既受到传统思想、传统社会的影响，又受到新思想、新观念、新事物的冲击，致使他的思想和行为充满着创新又蕴含着守旧。

二、主要成就

梁鼎芬才华出众，一生建树颇丰。他18岁中举人，22岁中进士，足见其才能非同一般。1882年24岁的梁鼎芬到江宁拜见晚清名臣左宗棠，一番交谈后，左宗棠盛赞其为"天下才"，并书"文章或论到深奥，意气相与接胸襟"① 赠之。《清史稿》谓："之洞锐行新政，学堂林立，言学事惟鼎芬是任。"② 充分肯定了梁鼎芬的教育功绩。清帝溥仪也曾赐梁鼎芬以亲笔黄绢对联"读书众壑归沧海，下笔微云起泰山"，对其道德与学识进行充分肯定。梁鼎芬一生可谓勤勤恳恳，奋发向前，主要有以下四个方面的功绩：

其一，梁鼎芬是教育家。他踏足教育界，源于张之洞对他的赏识。梁鼎芬一生孤直，一身傲骨，是张之洞宦海生涯中最得力的僚属之一。自从受聘成为幕僚，他便成为张之洞仕途中的智囊，参与运筹帷幄。张之洞一生业绩颇丰，其中教育成就尤为突出。晚清流行语：军事看袁世凯，工业看李鸿章，教育看张之洞。1886 年到 1907 年，梁鼎芬投身教育 20 多年，几乎一直在张左右辅助，对湖北的教育发展功绩尤为卓著。张继煦在谈及张之洞督鄂时说，"惟鼎芬之于学务，……公实倚之"。③ 张之洞也非常肯定梁鼎芬的教育功绩，称其"学术纯正，待士肫诚，于教育事体，大纲细目擘画精详，任事多年，勤劳最著"④，并请求朝廷赏加二品衔，以示鼓励。

张之洞一生最大业绩在于创办近代教育，而近代教育最成功的地方便是湖北，而湖北教育主要经办者则是梁鼎芬。张之洞曾称梁鼎芬"在鄂主讲多年，各书院学堂大半皆出其门下"。⑤ 梁鼎芬主要的教育贡献在于：一是将两湖书院等旧书院改造为培养通

---

① 吴天任. 梁鼎芬年谱 [M]. 广州：广东人民出版社，2018：14.

② 白化文. 中国近现代历史名人佚事集成：第 3 卷 [M]. 济南：山东人民出版社，2015：284.

③ 张继煦. 张文襄公治鄂记：序 [M]. 武汉：湖北通志馆，1947：2.

④ 李细珠. 张之洞与清末新政研究 [M]. 上海书店出版社，2009：329.

⑤ 龚德隆. 中华教育经典：上 [M]. 北京：中国人民公安大学出版社，1998：794.

经致用人才的新式书院；在教学内容、教学方式上均突破了八股制教育。所聘教员大都为新旧学兼有之士，如经学教员易顺鼎，史学教员汪康年、杨锐等。1902年，又将两湖书院改为两湖高等学堂，并首创预科，成为清末地方书院改制的蓝本。二是筹办农务、工艺、军事、师范等各类专业学堂，传播了西方近代农业、工业、军事、教育等方面的先进知识。比如先后建立武备学堂、农务学堂、湖北师范学堂、湖北创武高等学堂，极大地推动了中国旧教育体制的改革和新教育的传播，客观上促进了中国教育迈向近代化。三是培养了大量人才。梁鼎芬将毕生心血投入到教育事业上，可谓桃李满门，得意门生遍布全国。如，曾习经、江逢辰、李绮青、杨培基、杨寿昌、黄槐青、黄浩、杨祖谦、杨敬安等，他们或是登科举仕效忠于国家，或是潜心于经学研究，或是立志于革命。梁鼎芬曾自题门联"楚材必有用，教成君子六千人"，倍感欣慰。

其二，梁鼎芬是书法家。书法艺术形式历来在文人士大夫心中占据着极为重要的地位，长期以来被认为是中国传统文化的审美核心。梁鼎芬生于数代官宦之家，曾祖父梁智容、祖父梁国瑞、曾外祖父张维屏、父亲梁葆谦均是清朝官员，科甲出身，他们在书法上有一定的造诣。祖父梁国瑞是书法家，其书字形端庄雅致，用笔自然，浑厚且不臃肿，承颜真卿。其曾外祖父张维屏亦是书法家，擅长行书，其母深受家风影响。其父梁葆谦也擅长书法，承袭梁国瑞书风，后掺以米芾、董其昌之意。

梁鼎芬4岁起，其母张氏"日授《毛诗》数章"。经过数十载努力，梁鼎芬的书法艺术在岭南书坛上算得上是独树一帜，据朱万章先生编著的《广东传世书迹知见录》记载，现有墨迹120余件。其书法初学柳公权、饶爽健刚劲之气。中年后兼取法黄山谷、褚登善，细筋入骨，撇捺加长，笔道细而劲，极富创造性。书法风格体现为：用笔刚柔并济，结字方扁古雅，线条瘦硬有力。有"岭南才子"之称的易孺评曰："锐细秀挺，柳其骨，涪翁其神，虽若姿媚，而雅劲不俗。"①章草名家王莲评曰："书如其人，瘦硬通神。"麦华三评曰："笔力则力透纸背，而墨彩则凸出纸上，透逸之气，扑人眉宇，匪唯用笔之精，兼得用墨之妙。"从书法寓意上看，蕴含着书者的素养，表达着书者心理的灵动，表达着书者的意境以及人生追求，体现着梁鼎芬的耿直、执着与坚韧，正如刘熙载《艺概》云："书，如也。如其学，如其才，如其志。总之曰如其人而已。"②从书法艺术上看，他瘦硬劲挺的书法风格异于宋元以来的传统帖书，具有非常高的艺术价值，对岭南书坛有较大的影响，伍荃萃、黄节、陈容等书法家，继承与发展了梁氏书风。然而，因梁鼎芬遗言"勿留一字在世上"，故真迹传世非常少。

其三，梁鼎芬是诗词家。他是中国近代著名的诗人，岭南倡导宋诗最早者，与曾习经、黄节、罗瘿公并称为"岭南近代四家"，著名诗人沈三立、康有为、沈曾植均为其交往颇深的诗友。据不完全统计，其现存作品有 200 多首，其中交游诗所占比例很大，现摘录在《当代节庵遗墨及手简录存》《梁节庵先生遗诗》《节庵先生遗诗补辑》《节庵先生遗稿》等中。其诗歌风格婉约幽秀，而兼悲慨、超逸；其词风以悱恻哀婉为主，而时有雄放之作；文章质朴实直，感情真切强烈，因生逢乱世，其诗词多慷慨愤世之作，"佳处多在悲慨、超逸两种"③。江辟疆在《光宣诗坛

---

① 蔡显良. 广东历代书家研究丛书·康有为 ［M］. 广州：岭南美术出版社，2012：26.

② 崔树强. 神采为上 书法审美鉴赏 ［M］. 南昌：江西美术出版社，2017：156.

③ 陈衍. 石遗室诗话 ［M］. 北京：人民文学出版社，2004：18.

点将录》中称其诗词："其髯戟张，其言妩媚。梁髯诗极幽秀，读之可令人忘世虑，书札亦如之。"此外，楹联亦是他的拿手好戏，信笔而就，脱手即得，如"独坐须成霜，那有高名惊四海。多年襟似铁，免修苦节过余生。""气节重东汉，英灵托西湖。"寓意明朗，高瞻远瞩。

其四，梁鼎芬是藏书家。梁鼎芬一生酷爱读书，在担任惠州丰湖书院山长时，曾为书院撰联："得地已高，当做第一流人物；有书可读，坐想数千载人才。"作为藏书家，梁鼎芬一生藏书颇丰，尤以丛书、方志、清人文集为多。辞官回乡后，他在担任丰湖、端溪、广雅等书院山长时均建立了书库。其中，丰湖书院、端溪书院、广雅书院藏书颇丰，为当时广东书院藏书最丰的前三名。徐信符在《广东藏书纪事诗》中记载："节庵掌教丰湖，创设'书藏'；掌教端溪，创设'书库'；掌教广雅，扩充'冠冕楼'；游镇江，又捐书焦山书藏。所至之地，均倡导藏书。"[①]1911 年，梁鼎芬还创立了广东第一间私人图书馆，命名为"梁祠图书馆"，将其私人藏书 10 余万卷对公众开放，为广州各学堂的学生提供了可借阅的图书，是当时全国首创的可借阅的私人图书馆。他还创设图书管理制度，制定了《丰湖书藏四约》《梁祠图书馆章程》等；此外，他还开创了近代私人捐书先河，在焦山隐居读书时，捐给镇江"焦山书藏"藏书一千余部。逝世后，其子梁思孝依照嘱咐将梁祠图书馆的 600 余箱藏书全捐给广东省图书馆。梁鼎芬的藏书思想非常开明，强调公共开放、藏书为用、允许外借，为书院藏书事业的发展作出了重大贡献，对后世亦产生了深远影响。

---

① 伦明. 辛亥以来藏书纪事诗 [M]. 杨琥，点校. 北京：北京燕山出版社，2008：261.

第二节　梁鼎芬与端溪书院

光绪十三年（1887年），梁鼎芬受张之洞之聘，主政两广端溪书院，他亲选丰湖书院的江孝通、李汉珍、许寿田、杨寿昌等10人随往协助教育教学工作。是时，端溪书院与广州的羊城书院、越华书院、粤秀书院并称为广东四大书院。在任职两广端溪书院山长短短一年多时间里，梁鼎芬作出了诸多贡献。

一、重建重修书院

在两广总督府驻于肇庆期间，端溪书院可招收两广学子，是省级书院，也曾是两广地区规模最大的书院。但是，咸丰四年（1854年），天地会首领伍百吉在高要莲塘田寮山发动起义。在激战中，端溪书院被大火所毁，图籍荡然无存。后来，肇庆知府郭汝诚修复端溪书院，但规模甚小。

光绪十三年（1887年），梁鼎芬被聘为端溪书院山长，协助时任两广总督张之洞重建了书院，包括建立书院东西斋舍32间，监院室1间，书库1间。此外，他还手书大堂匾额为"广德堂"，天阁下讲堂为"教忠堂"，改"尊经阁"为"景贤阁"，阁下为祠所，增设谢山祠，祠东为更衣所，西为祭器所，基本恢复了书院往日的宏大规模。他还在端溪书院大堂上书写对联"余力学文，通经致国"。"余力学文"，意在多敦行士；"通经致国"希望有济时方，经世致用，报效国家。

二、制定书院章程

梁鼎芬在书院担任山长期间，为了规范书院日常教学管理，制定了四大规章制度，大大提高了书院的教育水平和管理效率。其中，包含了《端溪书院章程》《生徒住院章程》《端溪书院监院章程》和《端溪书院院役章程》。

其一，制定《端溪书院章程》。后世所知的端溪书院章程为清光绪十三年（1887 年）山长梁鼎芬所制定，共 22 条。主要内容涉及入读生徒的身家、品行、礼仪、课业、奖惩等。主要条款归类如下：

（1）凡洋佣子弟及身家不清者，好做状禀及遇事包揽者，好做枪替声名狼藉者，均不得与考，查出驱逐。

（2）凡吸食洋烟者，不得与考，查出驱逐。

（3）生徒赞见，用大钱一百文。

（4）生徒未曾谒见，不准应课，以杜假冒。

（5）随封①系书院陋规，与衙门门包无异，即行革除。

（6）每月廿八日官课期，初八日府署课期。

（7）每月初三、十八日院长课期。

（8）每课题目文诗题外，并课古学，生徒有志读书，能兼作者，当加优奖。

（9）课期限两日缴（交）卷。

（10）凡应课抄录蓝本者，请人枪替者，第一次由正课降附课，第二次扣除。

（11）凡应课不列一二次及漏课一二次者，按课扣膏火半月，加给前列，至三次扣除。

（12）每月初三日投考，另榜列名。有正课不守规条者革除，以投考前列之生徒按次递补。

（13）每课在堂上发卷。

---

① 按：随封，即封包。给介绍人或推荐人的酬礼。

（14）凡发卷日，文字优劣经院长分别宣告，各生徒不得因某卷内少有疵累，或堂上哗笑，或出外传扬，既非君子之心，亦失朋友之谊。

（15）每月逢一、六日讲书。生徒听讲者，辰初到院。

（16）凡听讲日，各生徒不得笑语跛倚，如有不遵，当堂斥退。

（17）凡发课讲书日，院长升讲堂，生徒分东西立，一揖，院长坐，生徒两旁侍坐。事毕，生徒仍分东西立，一揖，皆退。

（18）凡应课生徒，路遇师长，皆旁立稍待，不得疾趋。

（19）凡应课生徒，如有短衣出门者，查出扣除，以重礼法。

（20）凡应课生徒，每月朔到院领取日记簿，将每日读书、行事，有无心得，有无过失，细注于上，听讲时呈阅。不得欺饰偷懒。

（21）院内藏书数千卷，略备观览，在院内肄业者，准其借读，院外者准其到院翻阅，不得携出。

（22）院内藏书未富，拟与官长商议，再行捐置，见由院长、监院先捐出数十种，以劝来者。①

其二，制定《生徒住院章程》。

古代书院称学生为"生徒"。清代书院生徒大都分两类，一类不住书院，属于走读性质；另一类入住书院，为住院生徒。为了管理住院生徒，梁鼎芬于清光绪十三年（1887年）订立了《生徒住院章程》，共16条，主要内容如下：

（1）凡应课生徒，由院长慎选入院读书，以谨守乡学，年少有志之士为上等，一切规条，务当遵依。

（2）凡住院生徒，见由制府加给膏火，以资鼓励，庶与院外

---

① 邓洪波.中国书院章程［M］.长沙：湖南大学出版社，2000：227-228.

肄业者有别。

（3）院内膏火，以地方之远近，定膏火之厚薄，广东省肇庆府每名加给银一两，广州府、罗定州、阳江厅每名加给银一两五钱，惠、潮、嘉、南、韶、连、高、廉、雷、琼各属，每名加给银二两，广西省府、厅、州各属，每名加给银二两。

（4）凡正课、附课生徒，皆可住院，惟必要院长择取，不得自行迁入。

（5）每月朔望，院长率同在院生徒诣景贤阁行礼。

（6）各生徒不幸有父母之丧，院长、监院到房唁问致赙，同院生徒到房唁问，量力致赙，路近者到家唁问。

（7）各生徒有疾病者，院长、监院到房看问，同院生徒到房看问，同时，料理汤药。

（8）各生徒清晨即起，二鼓后即睡，起居有常，方能读书。

（9）各生徒每日将功课注写日记簿上，荒懒欺饰者，革课出院。

（10）各生徒如以事他出，务当向监院门首写号注明。不遵者，革课出院。

（11）各生徒禁止夜出，不遵者革课出院。

（12）各生徒在房读书，无事静坐，不得结队聚谈，高声肆叫。不遵者，记大过一次，至三次，革课出院。

（13）各生徒不得短衣赤足，群立房门，既玷斯文，尤乖礼法，不遵者，记大过一次，至三次，革课出院。

（14）各生徒服役人等，务当严行管束，不得喧哗滋事，唱曲赌钱。如违，即日驱逐，该生徒记过一次。

（15）门庭洒扫，古人小学之一端也，各生徒务饬服役人等清晨扫地，不得芜秽。如违，由监院查明某房某丁，即日驱逐，该生徒记过一次。

（16）院内禁用水火灯，各生徒勿以价贱，违例点用。①

其三，制定《端溪书院监院章程》。

监院相当于书院行政首脑，地位仅次于山长（院长）。为了规范监院的职责、义务和权利，清光绪十三年（1887年），梁鼎芬制定了《端溪书院监院章程》，共8条，主要有：

（1）监院例有赘见、随封，百年来通省恶习，必须洗涤。今徐、朱二君②共拟全行革除，生徒不得循例致送。

（2）院内各事，监院责成甚重。此次徐、朱二君系由制府慎选，所有从前克扣膏火、奖赏、插名录遗，与院科通同作弊等事，一切革除。

（3）凡每月膏火，监院在讲堂发给。

（4）凡应课生徒，无论在院内院外，遇见监院，均宜恭谨，不得侮慢。

（5）凡住院生徒，到院之日，往监院厅上一揖，以示敬礼。

（6）院内生徒，新设出入写号簿。凡写号者，至监院门首自写，不得私出。

（7）每日酉刻，监院将院内巡察一回。（徐、朱二君各十五日分任其事，幸勿疏忽。）

（8）院内院科、号房、更夫、院丁各色人等，全归监院管理，勤者加奖，惰者斥退。③

其四，制定《端溪书院院役章程》。

为了进一步明确和规范后勤人员的职责与注意事项，规范后

---

① 邓洪波. 中国书院章程［M］. 长沙：湖南大学出版社，2000：228-229.

② 按：徐、朱二君，指端溪书院监院徐铸、朱师诚。

③ 赵敬襄，傅维森. 端溪书院志［M］. 赵克生，宋继刚，点校. 长沙：岳麓书社，2015：56.

勤人员行为，保证生徒正常学习和生活。清光绪十三年（1887年）梁鼎芬制定了《端溪书院院役章程》，共9条：

（1）院科每与各署礼房通气，盘踞多年，凌侮生徒，克扣银两，通省皆然。今已查出弊端，本当送县枷号，姑念弊非一日，事非一人，概从宽恕，即行斥逐，如敢私自充当，查出究治。

（2）生徒应课，每有贿托院科，倩（请）人代应，免扣膏火，殊可怪叹。此后院科如敢仍蹈前辙，定即斥逐，送县究治，并将该生徒斥退，以端士习。

（3）院科作弊既工，尤有气焰，每见生徒坐谈嬉笑，不知检束，自经此次惩创，以后院科凡见生徒必要旁立，不得放肆，如违斥退。

（4）每逢课期交卷，院科移桌子于门外收卷，各生徒不得入院科房，院科亦不得擅请生徒入房，如违，查出斥逐。

（5）院科果能恪遵规矩，勤慎当差，每节由院长自行优奖，以示鼓励。

（6）号房专司传帖拜客及看守门首各事，如敢不敬监院、生徒，即行斥逐，私自作弊者送县究治，勤者有赏。

（7）院丁、更夫、水夫，各司其事，如敢不听监院、生徒使唤，即行斥逐。私自作弊者，送县究治，勤者有赏。

（8）有敢在院聚赌者，吸食洋烟者，查出斥逐，送县究治。

（9）不得容留无赖人等在院住宿，及聚众在院喧哗唱曲，查出斥逐。①

经过梁鼎芬订立的一系列规章制度，端溪书院的管理逐步规范化、制度化。

---

① 邓洪波. 中国书院学规集成［M］. 上海：中西书局，2011：1367.

三、书院教育改革

梁鼎芬刚到端溪书院时，书院考课仍以科举八股帖括为主，实与中国近代"经世致用"思潮不相符。随即梁鼎芬开始着手改革，在《端溪书院章程》中提出了他的改革思想。章程中规定"每课题目文诗题外，并课古学，生徒有志读书，能兼作者，当加优奖"。除教授科举内容外，还增加了古学内容，即教授科举内容如策论、律赋、经义、八股文、试帖诗以外的经史学问，丰富了书院教学内容，激发了学生的学习热情。章程还要求"院内藏书数千卷，略备观览，在院内肄业者，准其借读，院外者准其到院翻阅，不得携出"。他还创设书库，丰富藏书种类，一般书库只藏有经、史、子、集四种，他加藏典志、类书，鼓励学生博览群书，开阔视野，励志成才，报国为民。此外，还对管理上的陈规陋习也进行改革或废除，如《端溪书院章程》"随封系书院陋规，与衙门门包无异，即行革除"，《端溪书院监院章程》"监院例有赟见、随封，百年来通省恶习，必须洗涤。今徐、朱二君共拟全行革除，生徒不得循例致送"，等等。

四、书院藏书贡献

古代书院或多或少都有藏书，主要作为第二课堂提升学生知识水平。清人戴钧衡在《桐乡书院四代》中言："书院之所以称名者，盖实以为藏书之所，而令诸士子就学其中也。"[①] 梁鼎芬一生酷爱读书，他曾撰写对联曰：得地已高，当做第一流人物；有书可读，坐想数千载人才。他把爱读书的做法带到了端溪书院，经过他的努力，端溪书院由"图籍荡然无存"到藏有经、史、

---

① 朱汉民. 岳麓书院 [M]. 长沙：湖南大学出版社，2011：55.

子、集、典志、类书等九千余册，藏书量高居当时广东省书院第二。在藏书种类方面，比排名第一的惠州丰湖书院书库还要多，丰湖书院藏书为经、史、子、集四类；书籍种类的增加，体现了经世致用的精神，也便利了学生兼读百科，拓展了学生的思维，开阔了学生的视野，激发了学生读书的兴趣。

五、设立书局刻书

为了提高本书院的教学成效，增加中举人数，古代每个书院都有自己的教学内容、教学方法和教育方式，类似现在的校本课程。为了适应教学与学术研究的需要，梁鼎芬在端溪书院设刻书局进行刻书。光绪十三年（1887年），用每年余款将先哲遗书二十种刻印为《端溪丛书》四集，包括《墨子刊误》、司马光《司马氏书仪》、朱熹《近思录》、戴震《孟子字义疏证》、顾炎武《亭林文集》、全祖望《全谢山遗诗》等，多为清人经史、文集和诗赋之作。[1]端溪书院所定课程首重群经，次及诸史、理学，而不限于科举制艺之业，因而成就人才颇多。

六、重视书院祭祀

古代书院具有祭祀、讲学、藏书等多重功能。古人言：读书人入学，礼先圣、先师，后学习。《礼记·祭统》认为：祭祀是"教之本""夫祭之为物大矣，其兴物备矣，顺以备者也，其教之本与！……是故君子之教也，必由其本，顺之至也，祭其是与！"[2]陈元晖等认为："书院祭祀的人物，常常标志着书院的学术

---

① 赵所生，薛正兴. 中国历代书院志［M］. 南京：江苏教育出版社，1995：442.

② 舒大刚，尤潇潇.《孝经》论衡：百善之先 群经之统［M］. 福州：福建人民出版社，2018：277.

方向和学风。"① 古代书院重视供祀原因有四：其一，供祀本书院的先辈、先贤；其二，供祀本师，目的是树立楷模以激励学生，使学生见贤思齐、奋发图强；其三，增强生徒对儒家伦常道德观的认同，激发生徒的社会责任感和使命感；其四，增强学术风气和生徒功名意识等。光绪十三年（1887 年），梁鼎芬在重建书院时，手书大堂匾额"广德堂"，天阁下讲堂为"教忠堂"，改"尊经阁"为"景贤阁"，并供祀朱熹、薛中离、全祖望等十六大学者。阁下为祠所，祠东为更衣所，西为祭器所，可见他非常重视祭祀先贤或当世名家。此外，他多次举行祭祀活动。据《节庵先生遗稿》卷三《端溪书院先师祠祭文》记载："大清光绪十三年（1887 年）十一月丁亥，端溪书院院长梁鼎芬谨率弟子，以羊一豕一，释奠于先师宋朱子，明陈白沙先生、黄泰泉先生、张东所先生、庐冠岩先生、湛甘泉先生、区孝先生、伍光宇先生、杨贞复先生、陈秉常先生、薛中离先生、李孔修先生、庞弼唐先生、林缉熙先生、唐曙台先生、谢天赐先生、罗元山先生之神。"② 据《节庵先生遗稿》卷三《祭全谢山先生文》记载："大清光绪十三年（1887 年）十一月，后学梁鼎芬，谨以牲醴率诸弟子致于前端溪书院院长全先生之神。"③ 梁鼎芬非常敬重原书院山长全谢山的道德修养、学问研究，是首位推崇祭祀全谢山的山长，"正月五日为谢山先生生日，设清酌庶羞，诣祠行礼始于院

---

① 陈元晖，尹德新，王炳照. 中国古代的书院制度［M］. 上海教育出版社，1981：148.

② 胡翔龙. 广东历代书家研究丛书·梁鼎芬［M］. 广州：岭南美术出版社，2017：90.

③ 胡翔龙. 广东历代书家研究丛书·梁鼎芬［M］. 广州：岭南美术出版社，2017：90.

长梁鼎芬"①。

通过书院祭祀，在隆重的仪式中，生徒的心灵得到深层次的洗礼，并感受到书院的内涵。书院祭祀使生徒零距离感受到儒家传统的伦理道德规范，明确了书院的价值追求和办学宗旨。在追忆先师先贤过程中，生徒懂得了他们的丰功伟绩，明确了肩上的使命和历史责任感。

第三节　梁鼎芬的教育思想

一、忠于国，通经致国

中华民族自古以来均有爱国为民之心，古有屈原"诚既勇兮又以武，终刚强兮不可凌。身既死兮神以灵，魂魄毅兮为鬼雄""长太息以掩涕兮，哀民生之多艰"，诸葛亮"鞠躬尽瘁，死而后已"，范仲淹"先天下之忧而忧，后天下之乐而乐"，今有梁鼎芬"臣但有一日之官，即尽一日之心。言尽有泪，泪尽有血"②。在他的言辞、诗词和行动中，处处体现着他的拳拳爱国之心。面对着民族危机，吏治腐败，作为晚清清流派成员的梁鼎芬常以"敢于弹劾大臣为贵"，不畏惧权臣，直言上谏。对于损害国家利益的贪官污吏，在别人明哲保身时，他挺身而出，哪怕丢掉官位也在所不惜。他曾多次弹劾清廷要臣，包括弹劾集北洋大臣、直隶总督、淮军首领为一身的李鸿章六大可杀之罪，直隶总督袁世凯结党营私，以及庆亲王奕劻通财纳贿等，被迫两度辞官，但仍忠

---

① 胡翔龙. 广东历代书家研究丛书·梁鼎芬 [M]. 广州：岭南美术出版社，2017：90.

② 肖同庆. 国家秘藏 100 年中国书 [M]. 广州：南方日报出版社，2012：45.

于清廷。中国文学素有"诗言志，词言情"的传统，梁鼎芬用诗词阐述着自己的爱国情怀。他曾作《菩萨蛮·和南雪丈咏甲午事》十首刻画了甲午战争的惨烈，抨击清政府腐败无能，悲悯北洋海军之覆没，极度忧虑中国的未来。晚年作《失题》，"丹心惟共一灯红，四海无人识此翁。射虎斩蛇都不得，衰年始信百无功"，仍心系国家，表达自己报国无门的愁绪。

作为教育家，梁鼎芬毕生教育中亦体现着爱国主义教育。自踏足教育领域，从丰湖书院开始，他就本着"读有用之书，成有用之才；出可以效忠国家，入可以施教乡里"的宗旨教育学生。在两广端溪书院他留下了"余力学文，通经致国"思想。在两湖书院，他严格执行着张之洞的育人宗旨，"出为名臣，处为名儒"①"欲为名儒……要专心研读经史典籍；欲为名臣，透过科举，取得功名"。他希望自己的学生无论是做学问，还是当官，均能成为国家栋梁之才。创办私人图书馆后，他在《梁祠图书馆章程》"读书约"中提出："读经有二语，一、经明行修，二、通经致用。行修为己也，致用为人也。"又云："凡读史不徒要记事迹，须要识其治乱、安危、兴废、存亡之理。且如读《高帝纪》，便须识得汉家四百年终始治乱当如何。"希望学子读书成才，有效治理国家。

从梁鼎芬的诗词中、行动中、教育中，我们都深深感受到梁鼎芬身上流淌着爱国的血液，他把爱国作为毕生使命去守护。

二、补于世，中外并教

中国近代史是复杂多变的大变革时代，更是辞旧迎新的新时代。作为传统士大夫和中国近代教育的先行者，梁鼎芬的思想明

---

① 王喜旺. 教育家张之洞研究［M］. 济南：山东人民出版社，2015：73.

显体现着鲜明的时代特色。他在亲涉洋务教育实践中，得以接触、学习西方科学知识，潜移默化地接受了西学熏陶，逐渐形成了"中体西用"的中西文化观。

其一，传承传统文化。梁鼎芬秉承了其师陈澧的传统儒学处世观念。指出"立身需正大，治事要精详""媚骨难凌雪，贞心自耐冬"①，他强调发扬儒学，"忠"字当头。每日都以"事君以忠""人性本善""理义养心"等学说为教育理念来传道授业；他还在丰湖书院的西侧建"苏公（东坡）祠"，重修风浴阁，改名"洗肝亭"，取东坡诗"江月照我心，江水洗我肝"之义；作范孟博祠对联："气节重东汉，英灵托西湖"；对丰湖书院"书藏"题书"今日者，拯斯人于涂炭，为万世开太平，此吾辈之任也"。1887 年，在他制定的《端溪书院章程》中提出"各生徒不得因某卷内少有疵累，或堂上哗笑，或出外传扬，既非君子之心，亦失朋友之谊"；"凡听讲日，各生徒不得笑语跛倚。如有不遵，当堂斥退"；"凡应课生徒，路遇师长，皆旁立稍待，不得疾趋"。② 以及在端溪书院《生徒住院章程》中强调"各生徒不得短衣赤足，群立房门，既玷斯文，尤乖礼法，不遵者，记大过一次，至三次，革课出院"；"各生徒服役人等，务当严行管束，不得喧哗滋事，唱曲赌钱。如违，即日驱逐，该生徒记过一次"③；等等，无不寄托着梁鼎芬希望学生勤于修身，秉持气节，忠于国家，立志成才，勇于担当，报效国家的育人情怀。

1902 年，秀才孔庚因反对科举制度，捣毁本县儒学衙门，被捕并羁押于武昌府候审处。他后作对联："天将丧斯文，未丧斯

---

① 杨敬安. 梁节庵（鼎芬）先生剩稿［M］. 台北：文海出版社，1991：65.
② 邓洪波. 中国书院章程［M］. 长沙：湖南大学出版社，2000：228.
③ 邓洪波. 中国书院章程［M］. 长沙：湖南大学出版社，2000：229.

文，羑里示良谟，玉汝于成担大任；我不入地狱，谁入地狱？神州沉苦海，问君何术救同胞？"① 梁鼎芬时为代理臬司兼学务处总办，年终巡监，见此对联，惊叹其才，欲助他到经心书院深造。然孔庚却言："学生还有老母在家。我自去冬被捕解省城后，听说母亲在家日夜啼哭，因此我要求回家省母后，再回省城就学。"梁鼎芬听后，欣然同意，叹曰："有孝子才有忠臣，有忠臣才有孝子。"② 于是，准其假期一月，回家省亲。1904 年，在建成的两湖总师范学堂，梁提出了"以修行为基，以求实为主"，是竭尽全力培养"读正史""崇正学"的忠君爱国的育人之师。

重德树人是中华传统文化最大之特色。《尚书》言"皇天无亲，惟德是辅"，《周易》云"地势坤，君子以厚德载物"，又曰："天地之大德曰生"，"生生之谓易"等学说均强调重德修身的作用。王夫之也强调"善学者必有其志"③，强调求学需要有发愤图强、担当为国之精神。书院是立德立志树人的好地方，梁鼎芬强调修其身，讲气节，孝父母，忠于国，崇正道，求实学，勇担当，致于国等皆为中华优秀传统文化之一，而且他无论是在行事中，或是育人中，都坚守着，用实际行动推动着中华优秀文化的传承与发扬。

其二，传播西方学说。入主广雅书院后，梁鼎芬把课程分为经学、史学、理学、文学 4 门，学生可自由选择，体现了新学特色，使书院具有近代学校的雏形。在任教两湖书院时，梁鼎芬就非常重视并通过选拔既对旧学深有造诣，又对西学有一定研究的

① 严昌洪，肖志华. 武汉掌故 [M]. 武汉：武汉出版社，2012：157.

② 扎不棱. 大清孤儿：清末传统士人的宿命解读 [M]. 北京：九州出版社，2008：151.

③ 陈文殿，刘宝杰. 马克思主义基本原理概论教案 [M]. 北京：九州出版社，2017：9.

老师，以便于推动新式教育改革。先后担任两湖书院各门的教习中，经学方面有易顺鼎、杨裕芳、钱桂森（笙），史学方面有杨锐、汪康年、姚晋圻，理学方面有周树模、关棠，文学方面有陈三立、屠寄、周锡恩、杨承禧等人。他们当中至少有一半以上是进士出身，又兼具新思想。比如"戊戌六君子"之一的杨锐，是举人出身，具有维新思想，参与维新变法。汪康年曾创办求实书院，提倡西学和维新，与梁启超合办《时务报》。陈三立也具有维新思想，曾帮助其父陈宝箴在湖南推行新政。他还将两湖书院等旧书院改造为培养通经致用人才的新式书院，便于新学的传播。他协助张之洞筹办农务、工艺、军事、师范等各类专业学堂，直接传播了西方先进文明。在发展湖北教育时，张之洞曾言"现办各学堂大率皆仿照东西各国学校教育成法，而其间亦间有增减酌改之处"，体现接纳"新学"精神。

三、重实学，通经致用

自涉足教育界，梁鼎芬的教育思想就体现出了实用精神，坚信"读书扶世运，讲学出人才"。他担任丰湖书院山长时，就本着"读有用之书，成有用之才；出可以效忠国家，处可以施教乡里"的教育宗旨教育学生；在两广端溪书院时，他提出"余力学文，通经致国"，体现着他学以致用，报效国家的教育理念。从藏书类别来看，丰湖书院书库收集的图书为经史子集四类；端溪书院藏书分为经、史、子、集、典志、类书，增至六类；广雅书院冠冕楼增加了经史舆地、古今文学、近代经济书籍；湖北两湖书院书库中科技图书收藏甚多，藏书种类不断增多，而且非常注重藏书的实用性，满足了当时适应世界发展潮流的洋务运动学习西方先进的科技、教育、军事等的需要。他还协助张之洞筹办武备学堂、农务学堂、湖北师范学堂、湖北创武高等学堂等专业学堂，传播了西方近代先进的农业、工业、军事、教育等知识，客观上推动了中国近代化发展。1911年，梁鼎芬还创办了广东第一间对外开放的私人图书馆，在他制定的《梁祠图书馆章程》"读书约"中强调："读经有二语，一、经明行修，二、通经致用。行修为己也，致用为人也。"可见，无论是教育思想、教育成果、藏书理念、藏书类别等都体现着梁鼎芬学以致用，经世致用的思想。

中国历来倡导"行胜于言"，孔子所说的"学而时习之，不亦说乎？"强调学习要躬行实践。荀况云："知之不若行之，学至于行之而止。"王阳明亦倡导"知行合一"[①]。唐代韩愈《师说》云：师者，所以传道授业解惑也。教师的教育理念深刻影响着学生的学习和思想发展方向。山长梁鼎芬的经世致用思想，对书院教育教学发展起着非常关键的作用，有力地为社会培养了实用人才。

四、广读书，博古通今

梁鼎芬一生酷爱读书，希望以书育人，他曾撰写对联曰：得地已高，当做第一流人物；有书可读，坐想数千载人才。[②]梁鼎芬喜爱藏书，所到之处几乎均建有专门的藏书室。梁鼎芬藏书前后总约数十万卷。

为了方便学生学习和做笔记，梁鼎芬还开创了书籍外借的新方法。在他所担任山长的书院或学堂的书库书籍几乎都对学生开

---

① 陈文殿，刘宝杰. 马克思主义基本原理概论教案 ［M］. 北京：九州出版社，2017：9.

② 惠州学校校史编写组. 惠州学院校史 ［M］. 广州：暨南大学出版社，2011：204.

放，允许外借。《丰湖书藏四约》，分别是针对借书、守书、藏书、捐书的四约，为了规范学生的借书行为，特意制定了借阅制度进行详尽的规定；在开篇即言，"有书而不借，谓之鄙吝；借书而不还，谓之无耻"，鼓励各地书库允许借书，也要求借书人诚信借书，有借有还。在他制定的《端溪书院章程》中也有关于借书的条款，章程规定"院内藏书数千卷，略备观览，在院内肄业者，准其借读，院外者准其到院翻阅，不得携出"[①]。他在1911年创办图书馆时，亦允许借书，《梁祠图书馆章程》内有关借书的条款7条，第一条曰："观书不能久，钞（抄）书不能多，必借书方为有益。鄙意欲吾乡后生成学日多，人才日众，借书之举遂定。"[②] 他允许学生借书，帮助学生广读书和精读书。

戴钧衡在《桐乡书院四代》言："书院之所以称名者，盖实以为藏书之所，而令诸士子就学其中也。"[③] 课外读书亦是一种学习方式。梁鼎芬希望学生对各类书籍兼读，发展思维，开阔视野，体现了他博古通今的育人情怀和良苦用心。

五、于学生，张弛有度

最好的教育，一定是宽严并济、奖罚分明的；最好的老师，一定是既管且教、严慈共体的。一位优秀的教育者，往往既懂得如何规范学生的行为，也能调动学生高昂的学习热情，使学生获取更好的学习业绩。作为教育家的梁鼎芬，更是懂得这一道理，并且亲自践行。

其一，严师出高徒。梁鼎芬为了严格规范学生的日常生活和

---

① 邓洪波. 中国书院章程 [M]. 长沙：湖南大学出版社，2000：228.
② 梁鼎芬. 节庵先生遗稿 [M]. 私印本，1973：92.
③ 吴洪成，刘园园. 河北书院史 [M]. 保定：河北大学出版社，2011：102.

学习行为，特意制定了相关管理章程详细地规定了学生行为习惯要求，以尽可能地提升学生的学习效果和个人素养。在丰湖书院时，《丰湖书藏四约》"借书约"中，他就严格规定了生徒借阅对象、时间、期限及可借书的种类、册数等。在端溪书院制定的四大章程中均有规范学生行为的规定，如《端溪书院章程》"凡吸食洋烟者，不得与考，查出驱逐"；"凡应课生徒，路遇师长，皆旁立稍待，不得疾趋"①等，22条规定中，有21条是规范学生日常生活或学习行为的。《生徒住院章程》中有"各生徒清晨即起，二鼓后即睡，起居有常，方能读书"；"各生徒每日将功课注写日记簿上，荒懒欺饰者，革课出院"；"各生徒在房读书，无事静坐，不得结队聚谈，高声肆叫。不遵者，记大过一次，至三次，革课出院"②。16条章程中，有11条是严格要求住院生徒行为的。此外，在《端溪书院监院章程》中有"凡应课生徒，无论在院内院外，遇见监院，均宜恭谨，不得侮慢"；"凡住院生徒，到院之日，往监院厅上一揖，以示敬礼"；"院内生徒，新设出入写号簿。凡写号者，至监院门首自写，不得私出"③等几条。《端溪书院院役章程》有1条章程是用来规范生徒行为的。此外，《两湖书院章程》《梁祠图书馆章程》等都对学生学习或读书有严格的规定或指引，希望学生严格规范自己的学习和生活行为，养成良好的学习习惯。

其二，暖师暖人心。梁鼎芬除了严格要求学生外，在日常生活中给学生更多的是关怀、体恤与鼓励。他早在1885年辞官回乡不久，代张之洞拟奏折谈及科举时，就非常体恤考生，他认为

---

① 邓洪波. 中国书院章程 ［M］. 长沙：湖南大学出版社，2000：228.
② 邓洪波. 中国书院章程 ［M］. 长沙：湖南大学出版社，2000：229.
③ 邓洪波. 中国书院学规集成 ［M］. 上海：中西书局，2011：1366.

"考之者惟求小楷工整而已……求工小楷之是务，问以民生利艰难不恤也……欲得真材而挽积习，莫如速将卷折小楷改为誊录，简而可行，速而无弊"①。他提出应让考生自由书写，不要苛求学生一定写小楷，这样更有利于选拔真正的人才。在端溪书院《生徒住院章程》中提出"各生徒不幸有父母之丧，院长、监院到房唁问致赙，同院生徒到房唁问，量力致赙，路近者到家唁问"；"各生徒有疾病者，院长、监院到房看问，同院生徒到房看问，同时，料理汤药"②。在两湖书院任职时期，梁鼎芬也非常爱护学生：在街上，每当他坐轿遇见学生向他致礼，他必扶轿起立，点头作答。他还与学生一起读书，把珍藏的书籍都拿给学生选读，并解释疑难。他视学生如子弟，对待学生态度非常亲切，经常与学生谈家常，勉励大家努力学习，嘉奖取得好成绩的学生。当学生有失检点，轻轻批评，学生知错就可。梁鼎芬先生这些关心、爱护学生的暖心做法能够帮助学生尽快脱离困境，调整情绪，康复身心，使学生学习更有劲头！

此外，梁鼎芬还非常爱惜人才。江逢辰（1859—1900），生有至性，聪颖好学。师从梁鼎芬学于丰湖书院、广雅书院。后受梁举荐，得到张之洞的赏识和周济。光绪十八年（1892 年）中进士，任户部主事，忠亮清节。梁鼎芬非常欣赏江的才华，曾作诗赠予，并亲切地以兄弟相称，"水木清深讲舍开，得人胜获百琼瑰。义犹兄弟真投分，行尽江山见此才"③。孔庚（1873—1950），别号雯掀，湖北浠水县人，中国近代民主革命家。颖悟过人，属

---

① 胡翔龙. 广东历代书家研究丛书·梁鼎芬 [M]. 广州：岭南美术出版社，2017：64.

② 邓洪波. 中国书院章程 [M]. 长沙：湖南大学出版社，2000：228.

③ 政协广东省惠州市委员会编写组. 惠州文史：第 7 辑 [M]. 惠州：广东惠州音像出版社，1995：156.

文敏捷，富有才气。曾因反对科举制度，捣毁本县儒学，被捕羁押于武昌府；后在狱中作对联，张贴牢房门侧："天将丧斯文，未丧斯文，羑里示良谟，玉汝于成担大任；我不入地狱，谁入地狱？神州沉苦海，问君何术救同胞？"适逢梁鼎芬年终巡监，一见此联，大为吃惊，叹其才华，亲自提讯，其对孔曰："你是个读书人，应好好渎书，为何犯上作乱捣毁儒学？姑念你年轻盲从妄动，免于追究。为使你上进、自新，批准尔进经心书院深造，以后不可再聚众生事。"孔庚听后，喜出望外，万分感激。由于梁鼎芬的赏识和推荐，孔庚在书院学习毕业后，又以官费留学日本士官学校，并参加同盟会。辛亥革命后，孔庚历任大同镇守使、湖北省政府委员、建设厅长、民政厅长、国民参政员等职，一直到晚年还念念不忘梁鼎芬对他的知遇之恩。[①]

无论是"严师"还是"暖师"，梁鼎芬初心不变，正如他留在武昌师范的对联所说的，"诸葛君在隆中，才兼文武，谓之博雅；胡安定教学者，爱若子弟，有如父兄"。[②] 他希望培养出来的学生能如诸葛亮般文武全才，博古通今，担当重任。

六、重管理，制度先行

梁鼎芬为了达到更好的办学效果，所到之处几乎都留下了他制定的各项规章制度，以明确办学宗旨，规范书院运作，帮助学生修身求学。

1886 年入主惠州丰湖书院时，他制定了《丰湖书藏四约》，分为借书约、守书约、藏书约、捐书约四部分，共计五十余条，是清代藏书规章中条目最多、规定最为详备的书约。1887 年被聘

---

① 严昌洪，肖志华. 武汉掌故 [M]. 武汉：武汉出版社，2012：158.
② 李海章. 古今名人联话 [M]. 北京：中国文联出版公司，1996：359.

任端溪书院山长后，不到一年时间里梁鼎芬为端溪书院制定了四大规章制度。其一，制定了《端溪书院章程》22条，主要内容可概括为七大类，涉及入读生徒的身家、品行、礼仪、课业、奖惩等。其二，制定了《端溪书院监院章程》，"监院"相当于书院行政首脑，地位仅次于山长。其章程规定了监院的职责、义务和权利，章程共8条。其三，为了更好地管理住院生徒，1887年订立了《生徒住院章程》，共16条。其四，为了进一步明确后勤人员职责与注意事项，规范后勤人员行为，保证生徒的正常学习和生活，制定了《端溪书院院役章程》，共9条。在担任广雅书院山长期间，他协助张之洞制定了《广雅书院学规》27条，具体推行"新旧兼陈"的教育体制，改进课程设置，使书院具备近代学校的雏形。1890年，隐居于镇江焦山时，为整理焦山书藏，他撰写了《焦山藏书约》一卷、《书目》一卷、《续》一卷。在任两湖书院山长期间，为了推动教学改革，突破八股取士，他制定了《两湖书院章程》，使两湖书院成为近代新式书院的范本。1911年，他制定了《梁祠图书馆章程》，内有抄书约5条、观书约8条、捐书约14条、借书约7条、读书约8条等，对观书、抄书、借书、读书、捐书等各事项均作了详细规定。

任何书院，从创建运作到发展壮大都需要不断地改进。在课程安排、教学方式、培养方向到书院思想、教育制度、管理要求、书院宗旨等方面，都需要以文字的形式公示出来加以规范和约束。藏书楼或图书馆也如此。梁鼎芬每到一处就职几乎都制定了相关制度章程，足见他用心教育、勇于探究，关注细节，善于思考。他站在科学管理的高度，统筹规划，使无论是书院、书藏还是图书馆的管理均走向系统化和制度化。他用制度来规范管理，不仅提高了管理效率，还体现了现代化的先进管理理念。

七、忠君主，违背潮流

孙中山曾言"世界潮流，浩浩荡荡，顺之者生，逆之者亡"，探讨了中国晚清时期人类社会已由专制社会迈向民主政治社会。但梁鼎芬却总以清廷遗老、大清孤忠自居，政治上守旧色彩浓厚，无论在思想上，还是行动中，仍然愚忠于清廷君主。这一点在梁鼎芬文咏志诗中多有体现，如"赤心能报主，白发不求时""平生慕忠节，余子扇芳馨"等忠君报国的情怀。光绪皇帝和慈禧太后去世后，他"奔赴哭临，越日即行"。1896年，《时务报》创办时，得到梁鼎芬鼎力相助，"屡向南皮言之"。然而，梁鼎芬试图将维新活动纳入"中体西用"的洋务轨道上，多次干预《时务报》刊行。1897年，梁启超在《时务报》上刊发《变法通议》大倡民权时，梁鼎芬警示汪康年"民权文字亦不佳，千万不可动笔"，要求汪康年"处华夷纷杂之区……当存君国之志，勿惑于邪说，勿误于迷途"。维新变法前夕，梁鼎芬力劝张之洞明确划清与维新派的界限，后者将提倡变法的《强学篇》大加修改，易名为《劝学篇》，其内容以忠君爱国、尊经守道为说教，隐示新法不可行、旧法不可变之意。

辛亥革命时，梁鼎芬在广东主张"改良政治，以阻民国独立"，抗拒革命。辛亥革命后，他负责为光绪皇帝建崇陵，其间，他"南北奔驰，露宿风餐，不遑安处"，并长期住在光绪皇帝停灵的暂安殿旁，每天朝奠于梓宫前。1913年，光绪皇帝安葬于崇陵时，梁鼎芬痛哭流涕并预备给光绪皇帝殉葬以示忠心，后经手下力劝而止。其后，梁鼎芬自愿留守陵寝，守护崇陵并料理种树事宜。不到三年，他筹款15万，共栽树四万余株，并在明楼祭台旁特意种了十八棵罗汉松，寓意十八罗汉守护先帝。他还积极倡导尊孔复古，投身孔教会。1919 年，梁鼎芬病逝于北京，被葬在崇陵右旁的小山上，永侍光绪皇帝旁，废帝溥仪赠其谥号"文忠"[1]。梁鼎芬一生忠于清帝，忠于封建制度，其心其诚可嘉；但违背历史发展潮流，其行不可取也。

在教育教学中，无论是旧书院，还是新式学堂，梁鼎芬都非常重视"忠君"的教育传承。从丰湖书院开始，他每日都以"事君以忠""人性本善""理义养心"等学说为教育理念来传道授业。任职两湖书院时，作为张之洞教育事业上的得力助手，梁鼎芬坚决执行张之洞的"维持世道，首赖人才，人才之成，必由学术。即使以地方官化民成俗道而论，也必以教为先。故一伟院之设，在于养贤才，贵在得到明体达用之士，以备国家任使，才可以维护圣道，匡济时艰"。即他认为读书先是"维护圣道"，再而报国救世。1904 年，由他改建成的两湖师范学堂坚持"以修行为基，以求实为主"，竭尽全力培养"读正史""崇正学"的忠君爱国之师，均体现着培养学生的"忠君"之道。

"忠"在心中，忠于国，忠于民，非常值得赞赏。然而，在近现代社会中，在人类浩浩荡荡冲向民主化、法制化潮流时，仍"忠"于个人专制、等级观念和落后的封建制度，违背时代发展潮流，是非常不可取的。时代永远在向前发展，任何人、任何思想，唯有体现时代精神，承载时代需要，具有时代新意，才能为人民所肯定，为历史所接受，才能为新时代创造源源不断的价值。

文化是一个国家、一个民族的灵魂。文化兴则国运兴，文化强则民族强。博大精深的优秀传统文化是我们中华民族在世界文化激荡中站稳脚跟的根基，是培育和弘扬当今社会主义核心价值

---

① 肖同庆. 国家秘藏 100 年中国书 [M]. 广州：南方日报出版社，2012：46.

观坚如磐石的根本。

梁鼎芬生活在中国近代最复杂多变之秋，经历了晚清时期备受西方列强侵略、农民起义、资产阶级变法、资产阶级革命和资产阶级思想运动的时期，政局异常动荡。在思想上，他经历了中国先进知识分子由"中体西用"到"学习西方政治制度"再到传播西方"民主与科学"思想的影响。作为传统官宦出身的梁鼎芬，在传统儒家思想和西方新思想的共同浸染下，形成异样的思想观和价值观，深刻体现着时代的烙印。纵然，梁鼎芬有些不足，但我们应充分肯定他"经明行修""博古通今""通经致国""通经致用""藏书为民""教育为国"等思想，为丰富中华优秀传统文化内涵添砖加瓦。诚然，中华优秀传统文化需要代代传承，世世守护，但是，我们更应该让民族文化与时俱进、推陈出新，让民族文化在新时代，在中华民族伟大复兴之际，绽放出新时代应有的魅力与价值，让民族文化永葆生命力，永远成为我们中华民族前进的精神动力。

附录：端溪书院大事记

（明）万历元年 （1573 年）	分巡岭西道副使李材创办端溪书院于兵巡道署侧。李材，嘉靖四十一年（1562 年）进士，曾任兵部郎中、刑部主事、云南按察使等职，著有《兵政纪略》《将将纪》《经武渊源》《岭西兵政抄》等，好讲学，人称见罗先生。
万历二年 （1574 年）	李材建书院兴讲学之风，引起两广总督殷正茂的不满，致使端溪书院被停办，书院也被挪作他用。
康熙四十七年 （1708 年）	两广总督赵宏灿复建书院，取名为"天章"。"天章"本义天文，指分布在天空的日月星辰。天章书院，为两广总督课士之所，选招两广（广东、广西）诸生肄业于其中。
雍正七年 （1729 年）	江西新建人刘斯组始任天章书院山长。刘斯组，字锡佩，一字斗田，雍正举人，精研《周易》。
雍正十年 （1732 年）	两广总督郝玉麟修葺天章书院，奉旨拨帑银一千两发商生息，以供诸生膏火。
乾隆三年 （1738 年）	两广总督马尔泰改天章书院为端溪书院。浙江仁和人沈廷芳始任端溪书院山长。沈廷芳，字畹叔，乾隆丙辰召试博学鸿词，授庶吉士，累官至按察使。
乾隆十年 （1745 年）	浙江归安人吴廷熙始任端溪书院山长。吴廷熙，字铭佩，雍正甲辰进士，选庶吉士，授编修。
乾隆十一年 （1746 年）	两广总督策楞将总督府从肇庆迁往广州。
乾隆十七年 （1752 年）	浙江鄞县人全祖望始任端溪书院山长。全祖望，号谢山，乾隆进士，选庶吉士，史学家、文学家。有《鲒埼亭集》等多部著作。

续表 1

乾隆十八年 （1753 年）	广东南海人何梦瑶始任端溪书院山长。何梦瑶，号西池，雍正进士，著名学者，有《伤寒论近言》等多部著作。
乾隆二十二年 （1757 年）	肇庆知府吴绳年于近光亭后面购买民舍，增建后楼 9 间，奉祀先贤，并移建近光亭，将莲池居中及修缮东、西两廊斋舍，成为两广规模最大的学府。
乾隆二十七年 （1762 年）	浙江仁和人陆嘉颖始任端溪书院山长。陆嘉颖，字大田，雍正癸丑进士，选庶吉士，官至左中允。
乾隆四十六年 （1781 年）	浙江石门人马俊良始任端溪书院山长。马俊良，字嵰山，乾隆辛巳进士，任内阁中书。有《易家要旨》《春秋传说荟要》《禹贡图说》等多部著作。
乾隆五十二年 （1787 年）	广东大埔人饶庆捷始任端溪书院山长。饶庆捷，字德敏，号曼塘。乾隆乙未榜三甲第八名进士。钦点翰林院庶吉士，后授翰林院检讨，任清《四库全书》编纂分校官十年，后再任五年内阁中书舍人。历掌韩山书院、粤秀书院、端溪书院。著有《馆课拟存》文集四卷，《桐阴诗集》八卷。
嘉庆元年 （1796 年）	广东钦州（现广西钦州）人冯敏昌始任端溪书院山长。冯敏昌，字伯求，号鱼山，乾隆戊戌进士，刑部主事。著名学者，著有《小罗浮草堂诗集》。
嘉庆四年 （1799 年）	两广总督爱新觉罗·吉庆提请修葺端溪书院，改近光亭为"爱莲亭"。
嘉庆九年 （1804 年）	湖南衡山人聂肇奎始任端溪书院山长。聂肇奎，字季观，乾隆壬子举人，主讲书院三年。
嘉庆十一年 （1806 年）	广东番禺人刘彬华始任端溪书院山长。刘彬华，字朴石，嘉庆辛酉进士，授编修。著有《岭南群雅集》。
嘉庆十五年 （1810 年）	安徽桐城人吴诒沣始任端溪书院山长。吴诒沣，字华川，乾隆壬戌进士，官至云南曲靖知府。

续表 2

嘉庆十八年 （1813 年）	广东南海人谢兰生始任端溪书院山长。谢兰生，字佩士，嘉庆壬戌进士，选庶吉士，著名学者。著有《常惺惺斋文集》。
嘉庆十九年 （1814 年）	湖南衡山人聂镜敏始任端溪书院山长。聂镜敏，字心如，聂肇奎之子，主讲书院一年。父子主讲同一书院，传为佳话。
嘉庆二十年 （1815 年）	两广总督蒋攸铦将端溪书院原朝东向的大门改建为朝南向，并添建斋舍。广东定安人张岳崧始任端溪书院山长。张岳崧，字翰山，嘉庆己巳年探花，授编修，官至湖北布政使。著有《筠心堂文集》。
嘉庆二十一年 （1816 年）	江西奉新人赵敬襄始任端溪书院山长。赵敬襄，字竹冈，嘉庆己未进士，任吏部主事，主讲书院五年。
道光元年 （1821 年）	江西南城人胡森始任端溪书院山长。胡森，字香海，乾隆己酉进士，任福建罗源知县，主讲书院十二年。
道光三年 （1823 年）	端溪书院挨天阁的西南角倾圮，压倒廊房，广东督粮道署肇罗道兼摄肇庆府事夏修恕捐俸修葺宣教堂和爱莲亭。
道光十二年 （1832 年）	肇庆知府颜扎·珠尔杭阿捐俸重修端溪书院。
道光十三年 （1833 年）	广东吴川人林召棠始任端溪书院山长。林召棠，号芾南，道光癸未状元，授翰林院修撰。主讲书院十五年。著有《心亭亭居笔记》《心亭亭居诗存》等。
道光二十五年 （1845 年）	两广总督爱新觉罗·耆英呈请修葺端溪书院，批司行府筹议未决。翌年，书院颓圮益甚，肇罗道赵长龄与肇庆知府杨霈、高要知县赵亨衢捐俸，并率属下得金三百五十两，合前肇罗道王云锦储修费一百四十两，前高要知县梁瑞宝储修费四百两，与翰林院编修马仪清、举人梁以蒟，拔贡黄登瀛、诸生何传瑶等共同重修书院。

道光二十七年 （1847 年）	肇罗阳道刘浔、广东通判沈棣辉捐俸重修端溪书院，在宣教堂后面建澂鉴亭，澂鉴亭之北与爱莲亭相接，因后院荒芜，乃设墙封闭。修葺爱莲亭，易先贤楼为"尊圣阁"，楼阁下面为景贤堂，东、西两侧为斋舍。
道光二十八年 （1848 年）	广东顺德人蔡锦泉始任端溪书院山长。蔡锦泉，字文渊，道光进士，庶吉士。
道光二十九年 （1849 年）	广东番禺人吴家懋始任端溪书院山长。吴家懋，字兰湖，嘉庆庚辰进士，选庶吉士，任广西归顺知州。著有《欣所遇斋诗集》，主讲书院六年。
咸丰四年 （1854 年）	天地会首领伍百吉在高要莲塘田寮山起义。七月，伍百吉率兵攻到肇庆，双方激战中，端溪书院被大火所毁，图籍荡然无存。
咸丰五年 （1855 年）	肇庆知府郭汝城将是年所收租项用于修复端溪书院。
咸丰七年 （1857 年）	广东番禺人史澄任端溪书院山长。史澄，字穆堂，道光庚子进士，著有《退思轩诗存》。
咸丰九年 （1859 年）	广东高要人（现鼎湖区）苏廷魁始任端溪书院山长。苏廷魁，字德林，道光乙未进士，选庶吉士，授编修，官给事中。著作有《守柔斋行河集》。
同治元年 （1862 年）	广东番禺人李光廷始任端溪书院山长。李光廷，字著道，咸丰壬子进士，授吏部主事。著作甚丰，有《汉西域图考》《宛湄书屋文钞》《北程考实》等多部。
同治五年 （1866 年）	端溪书院山长李光廷在宣教堂后面的东斋舍檐前排植木栅，迤逦至后楼，并将爱莲亭、西斋舍包围于内。在爱莲亭的东南侧辟一扇栅门，门额曰"道闾"。改澂鉴亭为"漱六亭"，重修爱莲亭。
光绪六年 （1880 年）	广东鹤山人易学清始任端溪书院山长。易学清，字兰池，同治戊辰进士，授户部主事，主讲书院七年。

光绪十三年 （1887 年）	两广总督张之洞对端溪书院加以重修。广东番禺人梁鼎芬始任端溪书院山长。梁鼎芬，字星海，光绪庚辰进士，选庶吉士，授编修。理学名儒，著有《节庵先生遗稿》。任职端溪书院期间，修建书院，增设全谢山先生祠，基本恢复了书院往日宏大的规模；制定了《端溪书院章程》《端溪书院监院章程》等规章制度，大大提高了书院的管理水平和管理效率。
光绪十四年 （1888 年）	时任两广总督张之洞创办了广雅书院，端溪书院不再招收广西诸生，地位下降。浙江义乌人朱一新始任端溪书院山长。朱一新，字鼎甫，光绪丙子进士，选庶吉士，官至监察御史。有《无邪堂答问》等多部著作。
光绪十六年 （1890 年）	福建闽县人林绍年始任端溪书院山长。林绍年，字赞虞，同治甲戌进士，选庶吉士，官至监察御史。
光绪十八年 （1892 年）	广东番禺人何荣阶始任端溪书院山长。何荣阶，字云裳，光绪丁丑进士，选庶吉士，授编修，官至监察御史。
光绪十九年 （1893 年）	端溪书院斋舍蠹蚀，间有倾圮，肄业诸生渐罕居住。
光绪二十一年 （1895 年）	广东番禺人林国赓始任端溪书院山长。林国赓，光绪壬辰进士，任吏部文选司兼验封司主事。有《读陶集札记》《元史地理志今释》等多部著作。
光绪二十四年 （1898 年）	广东番禺人傅维森始任端溪书院山长。傅维森，字志丹，光绪乙未进士，翰林院庶吉士，著有《缺斋遗稿》《端溪书院志》。
光绪二十六年 （1900 年）	广东广州人杨裕芬始任端溪书院山长。杨裕芬，主讲书院一年有余。
光绪二十七年 （1901 年）	广东番禺人李良骥始任端溪书院山长。

光绪二十九年 （1903 年）	星岩书院经费、书籍归并端溪书院。广东番禺人陶邵学始任端溪书院山长。陶邵学，字子政，光绪甲午年进士，任内阁中书。先后主讲星岩书院、端溪书院。著有《续汉志刊误颐巢类稿》等。
光绪三十一年 （1905 年）	肇庆知府多龄将端溪书院改为肇庆府中学堂，此为当今广东肇庆中学的开端。

后　记

　　广东肇庆中学是一所有着悠久历史的名校，前身是创建于万历元年（1573 年）的两广端溪书院。其历史之悠久、办学成绩之斐然在岭南地区都是名列前茅的。2016 年肇庆市委、市政府启动"府城复兴"项目，端溪书院重建项目被纳入，我校抓住机遇，努力将学校打造为中华优秀传统文化教育示范基地。学校为此成立了广东肇庆中学端溪书院研究小组，开展对端溪书院历史的挖掘整理等工作。《端溪书院史话》一书就是这项工作的阶段性成果之一。

　　《端溪书院史话》全书分为六章，第一章为书院历史以及办学情况，第二至第六章则以书院历史上最有代表性的山长为对象，对他们的生平、教育思想等情况进行了评述。附录部分为端溪书院大事记。全书力求结构严谨，内容充实，让读者全面了解端溪书院的历史沿革及办学特色。本书的编写自始至终都得到了陈淑玲校长、邓少锋副校长等学校领导的指导和关心。

　　全书编写分工如下：

　　第一章：杨华；第二章：李文亮、曹凯；第三章：王毅、蔡明；第四章：刘国建、王宁博；第五章：卢和歆；第六章：黎克才；附录：卢和歆。

　　感谢湖南大学岳麓书院教授、中国书院研究中心主任邓洪波拨冗作序，给了我们莫大的鼓舞。感谢湖南大学出版社的编辑饶红霞同志，其热情的工作态度和严谨的工作作风令人钦佩。本书在编纂过程中还参考了很多先贤学人的研究成果，限于体例不能一一列出，在此一并感谢。

由于时间仓促，能力有限，书中错漏之处在所难免，欢迎读者朋友不吝赐教，感激之至。

卢和歆

2020 年 9 月 30 日于广东肇庆中学